Jesus (Yeshua) oder Paulus

Harald Meyer

Jesus (Yeshua) oder Paulus

Wie die ursprüngliche Botschaft in ihr Gegenteil verkehrt wurde

Textauswahl aus den vier Evangelien
und den Briefen des Paulus
mit kritischen Anmerkungen

EDITION ALTE DRUCKEREI

Bibliografische Information der Deutschen Nationalbibliothek:
Die Deutsche Nationalbibliothek verzeichnet diese Publikation
in der Deutschen Nationalbibliografie; detaillierte
bibliografische Daten sind im Internet über dnb.dnb.de
abrufbar.

ISBN: 9783758303746

Herstellung und Verlag: BoD – Books on Demand, Norderstedt

INHALT

6

ZU MEINER PERSON

Ich bin Übersetzer aus dem Französischen und Spanischen und Autor von Essays und Aphorismen. Seit mehreren Jahren bin ich im Team der Alten Druckerei Ottensen am Kulturprogramm beteiligt.

ZU MEINEM TEXT

Nachdem ich ein umfangreiches Werk über die Geschichte des Irrationalen in Europa mit dem Titel *Im Meer des Irrtums* abgeschlossen habe, stelle ich hier einen Ausschnitt zur Verfügung, indem ich die Unvereinbarkeit zwischen der historischen Persönlichkeit des Jesus von Nazareth und dem Apostel Paulus von Tarsus zum Thema mache.

ZUM VERFAHREN

In der Erkenntnis, daß in der zweitausendjährigen Geschichte des Christentums die Befangenheit des Glaubens an Jesus Christus eine unvoreingenommene Lektüre der überlieferten Texte weitgehend unmöglich gemacht hat, habe ich Zitate aus den Evangelien und den Briefen des Paulus neu zusammengestellt, übersichtlich gegliedert und mit Titelüberschriften versehen, um eine Lektüre zu ermöglichen, die den Blick auf den sozialpolitische Umwelt der Ereignisse um Jesus von Nazareth öffnet und bisherige Festlegungen in Frage stellt und zu radikal anderen Schlußfolgerungen führt.

Vorbemerkung

Unter dem Titel *Im Meer des Irrtums* habe ich die *Geschichte* des *(Ir)rationalen in Europa* zu erfassen versucht. Ich war von dem Bedürfnis gedrängt, die Gründe für die katastrophalen Fehlentwicklungen herauszufinden, die von Europa ausgehend die gesamte Welt betreffen und die bereits jetzt viele Formen des Lebens auf dem Planeten Erde ausgelöscht haben und weitere gefährden.

Ich schreibe *(ir)rational*, um mit einem einzigen Begriff den Widerspruch zwischen wissenschaftlich-technischer Rationalität und irrationalem Kontext deutlich zu machen, der unsere Situation bestimmt.

Schon in der griechisch-römischen Antike spiegelten die grundlegenden Auffassungen von der Gesellschaft die Dominanz der städtischen Eliten gegenüber den ländlichen Mehrheitsbevölkerungen wider. Das von Paulus geprägte Christentum hat dazu beigetragen, daß diese Auffassungen allgemeingültig wurden und sich immer weiter verbreiteten.

Ich stelle mit dem *Meer des Irrtums* die Entwicklung des Christentums mit umfangreichem Wort- und Bildmaterial vor. Daraus habe ich in der hier vorliegenden Veröffentlichung *Yeshua/Paulus* die grundlegenden entscheidenden Teile ohne Abbildungen herausgenommen.

Mein Ziel:

Ich versuche anhand der von mir zusammengestellten Textpassagen die christliche Überlieferung auf ihre Ursprünge zurückzuführen:

Die Verkündung des *Glaubens an Jesus Christus* durch den Apostel Paulus war seine eigenmächtige Verkehrung der *Lehre* des Rabbi Yeshua, die *Befreiung von Unrecht und Unterdrückung*.

Paulus verkündete den Glauben an

- *den Auferstandenen Jesus Christus*
- die *Erlösung von der Sünde*
- *das Ewige Leben*

Yeshua lehrte

- die *Befreiung* von der römischen Besatzung
- die Überwindung gesellschaftlichen Unrechts

Das Buch der Bücher
unvoreingenommen lesen

Die BIBEL ist mit 5 Milliarden Exemplaren das meistübersetzte und meistverbreitete Buch weltweit. Ihre Auflage ist 5mal höher als die der *Worte Mao Tse-Tungs (Rotes Buch)* und des *Korans,* 10mal höher als die aller weiteren anderen Weltbestseller wie *Don Quijote, Das kommunistische Manifest* und *Der Kleine Prinz.*

Das ALTE TESTAMENT enthält sehr heterogenes Material, Lyrik und Prosa historische und literarische Texte. Das NEUE TESTAMENT besteht aus dem *Evangelium (Frohe Botschaft),* der *Apostelgeschichte* des Lukas, den *Briefen des Paulus* und der *Offenbarung* des Johannes.

Die Berichte des Matthäus, Markus und Lukas unterscheiden sich inhaltlich und stilistisch, werden aber aufgrund weitgehender Übereinstimmung als *synoptisch bezeichnet.* Der Bericht des Johannes ist eindeutig später, greift aber möglicherweise auch auf ältere Quellen zurück. Er hebt sich vor allem mit seiner Jesus mystifizierenden Einleitung von den drei anderen ab.

Die deutschsprachigen Übersetzungen seit Luther sind durch ihre Druckgestaltung eine Herausforderung an ihre Leser. Sie unterscheiden mit Ausnahme der Psalmen nicht zwischen Lyrik und Prosa, zählen aber den fortlaufenden Text in Versen.

Das Verständnis wird aber auch dadurch erschwert, daß traditionell meistens kürzere Passagen gelesen werden, oft ohne den Zusammenhang zu berücksichtigen.

Eine unvoreingenommene Lektüre, besonders des *Neuen Testaments*, findet nicht statt:

> Oft wird das *Neue Testament* als Ganzes *Evangelium* genannt.
> Wenn man jemanden fragt: *was liest du da?*, antwortet er oft: *Das Evangelium*, meint damit aber: *Die Briefe des Paulus*.

Denn wer die Evangelien liest, ist meistens erzogen im Geist der Glaubensverkündung des Paulus. Dabei ist vielen nicht bewußt, daß Paulus zwar älter als Jesus war, ihn aber persönlich nicht nur nicht gekannt hat, sondern sich für ihn, sein Wirken und seine Lehre auch nicht interessiert hat.

- Der historische Jesus, mit seinem aramäischen Namen wahrscheinlich *Yeshua ben Yoseph*, wollte den Quellen zufolge die Befreiung seines Volkes von der römischen Besatzung und die Wiederherstellung des Reiches Israel mit seinen Zwölf Stämmen.
- Damit hatte er seine Zwölf Gesandte (Apostel) beauftragt.

Das Interesse des Paulus galt nicht dem Leben Jesu sondern seinem mysteriösen Nachleben: Paulus machte aus dem Gerücht an den nach seiner Kreuzigung und Grablegung wiederauferstandenen Jesus von Nazareth den Glauben an Jesus Christus, den Sohn Gottes, der von seinem Vater auf die Erde gesandt worden wurde, um durch seinen Opfertod die Menschen von der Sünde zu erlösen.

- *Paulus verkündete, durch die Gnade* Gottes könne der Mensch im *Glauben an Jesus Christus* den *Weg zum Ewigen Leben* finden.
- Damit wurde Paulus zum eigentlichen Gründer des Christentums.
- Paulus gab sich selbst den Titel *Apostel* und verkehrte die ursprüngliche Botschaft in ihr Gegenteil:
- Für ihn galten die gesellschaftlichen Machtverhältnisse als die *von Gott gegebene Ordnung*, die der Mensch nicht in Frage zu stellen hat.

Ich habe in dem vorliegenden Buch *Yeshua/Paulus* ungekürzte Texte aus den vier Evangelien, also die Berichte, Erzählungen Sprüche, Reden und Gleichnisse in eine übersichtliche Ordnung gebracht und mit Titelüberschriften versehen.

In meinem Bestreben, eine sich aus den Traditionen lösende unvoreingenommen Lektüre zu ermöglichen, wollte ich die Lektüre so weit wie möglich erleichtern.

I

YESHUA BEN YOSEPH AUS NAZARETH

Yeshua ben Yoseph

* 7-4 v. Chr. – in Nazareth (Galiläa)
† 30 oder 33 n. Chr. in Jerusalem

Wanderprediger und Rabbi
Sprache: Aramäisch

Vater: Yoseph – Bauhandwerker, Mutter: Mirjam
Bruder Yaakov und weitere Geschwister

Wirkungskreis: Wanderungen durch Galiläa und Judäa
mit Jerusalem mit einer Schar von Mitstreitern (genannt
Die Zwölf).

**ZIELE: Als Nachfolger oder auch parallel mit Johannes,
der mit der Taufe und seinen Predigten die moralische
Erneuerung der Menschen anstrebte, wollte Yeshua die
Befreiung von römischer Besatzung und die
Wiederherstellung des Reiches Israel mit seinen zwölf
Stämmen bewirken. Er verkündete in seinen Reden und
Gleichnissen Gerechtigkeit und Frieden für alle,
Ausgleich zwischen Arm und Reich und Überwindung
aller Standesunterschiede als Bedingung für die innere
Stärke des Reiches Gottes.**

Quellen: Briefe des Paulus, Quelle X – Sprüche, Reden,
Gleichnisse -, Flavius Josephus, Tacitus

NACHWIRKUNG: Mit der Verurteilung als König der Juden und seiner Hinrichtung war das Vorhaben Yeshuas gescheitert. Die Nachricht von seiner Auferstehung verbreitete sich weit über Jerusalem hinaus. Das Liebesmahl (*Agape*) entwickelte sich zu einem Erinnerungskult, der aus dem Wanderprediger und Rabbi den überzeitlichen Gottessohn und Weltenrichter Jesus Christus machte.

Der Name Yeshua

Der Name für die grundlegende Gestalt der christlichen Religion ist traditionell *Jesus von Nazareth* oder *Jesus Christus*. Doch diese Benennung ist hinsichtlich der historischen Person nicht angemessen: und nicht korrekt.

Jüdische Vornamen werden üblicherweise durch die Bezeichnung *ben* für Sohn mit dem Vaternamen verbunden. Die hebräisch-aramäische Form des Namens *Jesus* wäre demnach *Yeshua ben Yoseph*. Der Name *Jesus von Nazareth* dagegen ignoriert nicht nur die Vaterbeziehung, sondern erweckt den Anschein eines Adelsnamens. Daher schreibe ich *Yeshua ben Yoseph aus Nazareth*, ohne daß der Ort Teil des Namens wird.

Christus wird wie ein Nachname oder Familienname mit *Jesus als* Vornamen benutzt. Das griechische Wort *christós* ist die Übersetzung des hebräischen Wortes *maschiach (messias)* und bedeutet *gesalbt*. Der griechische Name *Iesos christós* bezog sich also auf Jesus als den mit heiligem Öl zum König Gesalbten. Von daher wurde nicht Nazareth, sondern Bethlehem als Stadt Davids im Lukasevangelium als Geburtsort Jesu genannt, aber er wuchs dann in Nazareth auf, wo sein Vater als Bauhandwerker, Zimmermann oder Tischler arbeitete.

Statt der vertrauten Namen des legendären *Jesus von Nazareth* und des mystisch verklärten und überhöhten *Jesus Christus* mute ich meinen Lesern also eine Umgewöhnung zu, indem ich außer in den zitierten biblischen Texten nur den aramäisch-hebräischen Namen des historischen Jesus verwende und daher immer *Yeshua ben Yoseph aus Nazareth* oder abgekürzt *Yeshua* schreibe.

Die Theologie des Christentums gründet sich auf die Briefe, die der Apostel Paulus an die von ihm besuchten ersten christlichen Gemeinden im Mittelmeerraum geschrieben hat.

Historischer Hintergrund

Yeshua ben Yoseph, wurde zwischen den Jahren 7 bis 4 vor Beginn unserer Zeitrechnung in Nazareth geboren. Über seine Kindheit und Jugend gibt es nur wenige Vermutungen. Yeshua war nach der Überlieferung Sohn des Joseph, der Tischler, Zimmermann oder Bauhandwerker (*tekton*) in Nazareth war, einer kleineren Stadt in Galiläa. Er hatte mehrere Brüder und Schwestern. Es ist nicht sicher, ob er der Älteste war.

Legendär ist die Geburt Yeshuas in einem Stall in Bethlehem und die Anbetung des Kindes in einer

Futterkrippe. Vielleicht ist auch die Armut der jungen Familie legendär. Handwerker hatten in Galiläa meistens für den Lebensunterhalt ausreichende Einkünfte; aber denkbar ist, daß die Familie sich trotz der unterstellten königlichen Abstammung des Vaters Yoseph aktuell in einer Notlage befand.

Jüdische Familien lebten auch damals in einer gewissen Bildungstradition. Yeshua könnte von rabbinischen Lehrern unterrichtet worden sein; vermutlich war er wißbegierig und lernte früh die heiligen Schriften; von daher konnte er sie später erläutern. Es läßt sich aber nicht klären, wieweit er lesen und schreiben konnte.

Möglicherweise tat er sich aufmerksam in der Stadt und ihrer Umgebung um, wanderte in benachbarte Länder und bekam Anregungen aus vielen Traditionen. So entwickelte er seine ganz außergewöhnliche, in ihrer Art einmalige Denkungsart und Redeweise.

Er hatte wohl Zugang zu Häusern mit wohlhabenden und gebildeten Bürgern und wurde wie ein Rabbi geschätzt und geachtet, wandte sich aber auch einfachen Menschen mit Berufen wie Landarbeitern und Fischern zu und scheute sich nicht vor Leuten, die zum Beispiel als Zöllner wegen ihrer Abhängigkeit von der römischen Verwaltung vom Volk verachtet wurden. Er ging auch auf Menschen zu, die im gesellschaftlichen Abseits lebten, die arm, krank und hilfsbedürftig waren. Offenbar verfügte er über Heilungsfähigkeiten und wirkte als Therapeut mit der Gabe, von Kummer und Leid bedrückte Menschen innerlich aufzurichten und ihnen neuen Lebensmut zu geben. Wie weit die Berichte über Teufelsaustreibungen und Heilungswunder etwas anderes als Legende sind, läßt sich nicht entscheiden.

Es ist wohl niemals endgültig zu klären, wie die Berichte über das Wirken des Rabbi Yeshua ben Yoseph aus Nazareth entstanden und übermittelt worden sind. Es gibt keine zeitgenössischen schriftlichen Quellen, und wenn es sie gegeben hat, sind sie bei der Zerstörung des Tempels von Jerusalem und dem Brand der Stadt im Jahre 70 oder spätestens bei der Vertreibung der Bürger 135 verloren gegangen. Die Reden Yeshuas und Berichte über ihn und sein Wirken sind wohl lange Zeit mündlich weitergegeben und erst nach dem Jahre 70 und später schriftlich festgehalten worden. Dabei wurde die aramäische Überlieferung ins Griechische übertragen. Zu den Augenzeugen, die nach Rom gelangten, gehörte Petrus, der aber keine Aufzeichnungen hinterließ.

Die Evangelisten Markus, Matthäus und Lukas waren ihrer Herkunft nach vielleicht Juden, lebten aber weit weg von den Orten der Ereignisse, die sie beschrieben; sie kannten die gesellschaftlichen Verhältnisse und die Zusammenhänge zwischen den verschiedenen Gruppen nicht. Von der Mehrheitsbevölkerung der Besitz- und Namenlosen in Galiläa hatten die Verfasser keine Kenntnis. Von daher läßt es sich nur vermuten welchen sozialen Gruppierungen Yeshua angehörte und welche politische Rolle er gespielt hat. Der Geist des Widerstandes gegen die römische Besatzung war den Berichterstattern fremd; sie sahen Yeshua ausschließlich im Gegensatz zu den jüdischen Autoritäten, den Pharisäern und Schriftgelehrten.

Es ist aber erstaunlich, wie ausführlich und in sich vollständig ihre Berichte sind, wenn auch einiges gestückelt und ungeschickt zusammengestellt wirkt. Es besteht dabei kein Zweifel daran, daß ihnen daran lag, alles, was ihnen zugetragen worden war, so wahrheitsgemäß wiederzugeben, wie es ihnen möglich schien.

Als ältester Bericht gilt der von Markus. Man nimmt an, daß er und Matthäus auf eine gemeinsame Quelle zurückgegriffen haben, die viele der Sprüche, Reden und Gleichnisse umfaßte. Lukas hat den ausführlichsten und stilistisch überzeugendsten Bericht verfaßt. Er wollte das Leben und Wirken Yeshuas mit dem von Sh'aul alias Saulus oder Paulus von Tarsos verbinden. In allen Ausgaben des Neuen Testaments folgt seine Apostelgeschichte den Vier Evangelien, schließt aber eigentlich unmittelbar an sein Evangelium an. Das Werk des Lukas liest sich wie ein Roman, und der berühmte Anfangsteil ist möglicherweise seine literarische Erfindung. Aber vielleicht gerade deswegen wurde die Erzählung von der Verkündigung und der Geburt, also die Weihnachtsgeschichte, einer der wirkungsmächtigsten Texte des Christentums. Lukas greift aber auch auf Quellen zurück, die die anderen Verfasser nicht verwenden. Das gleiche gilt für Johannes, der wohl die Briefe des Paulus gekannt hat und dessen theologische Annahmen weiterführt.

Auf den Wanderungen Yeshuas durch Galiläa, die er drei Jahre zuvor begonnen hatte und die ihn zuletzt bis nach Judäa und in die Tempelhauptstadt Jerusalem führten, hatte er mit seiner Lehre viele Menschen erreicht, und die Zahl seiner Anhänger war immer größer geworden. Auf ihn richtete sich die Hoffnung vieler Menschen als einem Befreier von der römischen Besatzung, denn die Juden litten unter der Last der Steuerzahlungen und der Willkür der Beamten und Soldaten. Sowohl unter den Steuereinnehmern wie den Soldaten gab es auch Juden, die damit ihr Einkommen sicherten. In ihnen wie in den Verwaltern des Tempels in Jerusalem und den Mitgliedern des Hohen Rates sah die Bevölkerung natürlicherweise Kollaborateure der verhaßten Römer.

In seinen öffentlichen Reden schien Yeshua aber Erwartungen zu wecken, die weit über eine Befreiung von der Besatzung hinausgingen. Seine zwölf Mitstreiter standen ausdrücklich für die Zwölf Stämme Israels, und er begann, sie zu Vorkämpfern für die Wiedergeburt des untergegangenen Gottesstaates Israel auszubilden. Von daher wurde ihm immer wieder die Frage gestellt, ob er der seit Generationen erwartete Messias sei, was er allerdings jedesmal verneinte. Nach seiner Überzeugung würde das ganze jüdische Volk im Vertrauen auf den Gott der Väter in einer gemeinsamen Kraftanstrengung aus seinem Elend herausfinden. Wenn die Mächtigen gestürzt und die bisher Erniedrigten erhöht worden wären, würde Hunger, Armut und Unrecht verschwinden, und stattdessen würde Friede und Gerechtigkeit herrschen. Aus den Darstellungen der vier Evangelien läßt sich keine Klarheit darüber gewinnen, welcher Weg zur Befreiung von den Römern und zur Wiederherstellung des verlorenen Israel führen könnten.

Was die Lehre Yeshuas betrifft, muß man eindeutig davon ausgehen, daß er einen gewaltsamen Umsturz ausschloß. Er scheint aber seinen Getreuen bewaffneten Widerstand zur Selbstverteidigung gestattet zu haben. Das läßt eine Äußerung zu Waffenkäufen bei der Vorbereitung des Pessachmahls vermuten und wird durch den Schwertstreich des Petrus bestätigt, mit dem er einem der Soldaten, die Yeshua gefangen nehmen sollten, ein Ohr abtrennt.

Völlig offen bleibt, wieweit die Gruppe um Yeshua Kontakt mit anderen Widerstandsgruppen gehabt hat. Einer der Mitstreiter wird *Simon Zelotes* genannt, gehört also der gewaltbereiten Widerstandsgruppe der Zeloten an (Mt 10,4; Mk 3,18; Lk 6,15; Apg 1,13). Von einigen Autoren wird der Name *Jehuda Iskariot*h mit einer Gruppe in Verbindung gebracht, die *Sikkarier (Dolchträger)* genannt wurden. Naheliegender ist aber wohl die Bedeutung *Isch Qerijot* (aus Kariot). Er ist die rätselhafteste Gestalt der Evangelien. Ihm wird Verrat vorgeworfen. Wenn er die Verantwortung für die Gefangennahme seines Meisters hatte, trifft ihn die Schuld am Tode des Menschen, dessen vertrauter Begleiter er gewesen war. Auf die Namensnähe von *Judas* und *Jude* gründet sich der zweitausendjährige Antijudaismus.

Indem man die überlieferte Polemik in Frage stellt, ließe sich das Verhalten des Jehuda nach meiner Auffassung so erklären: Ihm scheint bewußt gewesen zu sein, daß Yeshuas Auftreten in Jerusalem, besonders sein Vorgehen gegen die Tempelhändler, die römischen Machthaber wie ihre jüdischen Kollaborateure gegen ihn aufgebracht hatte und daß für ihn und seine Gruppe höchste Gefahr bestand. Möglicherweise hatte Jehuda, ohne sich mit Yeshua abzustimmen, mit den jüdischen Priestern Kontakt aufgenommen, da er hoffte, sie gegen eine Auslieferung an die Römer bewegen zu können, indem sie Yeshua anhörten. Doch als Yeshua sich als nicht kooperationsbereit erwies, war die Überführung an den römischen Statthalter Pilatus nicht mehr zu verhindern. Demnach hätte Jehuda Yeshua nicht verraten, sondern wäre mit einer diplomatischen Mission gescheitert, mit der er ihn retten wollte, und hätte dann aus Verzweiflung Selbstmord begangen.

Yeshua wurde zum Tod am Kreuz verurteilt, weil er dem ihm zugewiesenen Titel eines *Königs der Juden* nicht widersprochen hatte. Nach der qualvollen und erniedrigenden Hinrichtung ihres verehrten Meisters mußten seine Mitstreiter erkennen, daß ihr bisheriger gemeinsamer Weg ein schmähliches Ende erreicht hatte.

Dann geschehen Wunder, die weltweite Wirkungen haben sollten: Es beginnt mit dem leeren Grab, in das der Gekreuzigte gelegt worden war. Frauen, die Yeshua begleitet hatten, finden drei Tage nach der Grablegung den Stein vor der Graböffnung beiseite gerollt und verbreiten diese unglaubliche Nachricht.

Die *Auferweckung vom Tod* und die *Auferstehung,* die später mit dem *Abstieg zur Hölle* verbunden wird, werden zu sensationellen Erzählungen. In den folgenden vierzig Tagen erscheint Yeshua seinen Freunden mehrere Male, teilt mit ihnen das Abendessen und ein Frühstück mit frisch gefangenem Fisch, um sich dann für immer von ihnen zu verabschieden.

Die Apostelgeschichte läßt dann die Personen, die ihren Meister verloren haben, neue Wege gehen. Petrus und Jakobus, einer der Brüder Yeshuas, führen in wachsender Anzahl Anhänger des Rabbi zusammen und feiern im Gedenken an ihn gemeinsame Mahlzeiten als *Agape (Liebesmahl)* und laden Bedürftige dazu ein. Sie werden offenbar von den Beamten geduldet, weil sie das Ziel der Befreiung von der römischen Besatzung und der Wiedererrichtung des Reiches Israel an die Wiederkunft Yeshuas binden, also keine aktuelle Gefahr mehr sind.

Es entsteht eine Erinnerungskultur, in der dem Rabbi Yeshua aus Nazareth die von Gott eingesetzte Nachfolge des Königs David zugewiesen wird. In Israel wurde ein neuer Herrscher mit einem Ritual heiliger Öle eingeführt. Der hebräische Begriff *Messias (meschiach - Gesalbter)* lautete griechisch *christós.* Schließlich wurde der Name *Yeshua ben Yoseph* von dem Namen *Jesus Christus* verdrängt.

An den Küstenorten um das Mittelmeer, an denen sich schon vor längerer Zeit Juden niedergelassen hatten, bildeten sich neue jüdisch-christliche Gemeinden, die sich zu Gedenkfeiern zusammenfanden, sich um Bedürftige kümmerten uns sich durch ihr soziales Engagement Ansehen und weiteren Zulauf verschafften. Durch ihre Entfernung vom jüdischen Stammland löste sich ihre Bindung an die jüdische Kultur. Das jüdische Ritual der Beschneidung war nicht mehr Voraussetzung zur Aufnahme in die Gemeinschaft. Allmählich rückt die jüdische Hoffnung auf den Messias und der christliche Glaube an die Wiederkunft des Erlösers Jesus Christus weit auseinander.

Für die Christen war der *Befreier Yeshua ben Yoseph aus Nazareth* zum *Messias, dem Erlöser Jesus Christus* geworden. Nach der Zerstörung des Tempels in Jerusalem und großer Teile der Stadt, nach der Ermordung vieler Einwohner im Jahre 70 und nach der Ausweisung der übriggeblieben Juden aus Jerusalem und Judäa im Jahre 135 war es für Juden in der Diaspora unmöglich, in Yeshua ihren Messias zu sehen.

Die Ablehnung ihres Glaubens machte die Juden für die Christen zu ewigen Christusmördern. Damit begann die jahrhundertelange Verdammung, Verfolgung und Ausweisung von Juden in allen christlichen Ländern und mündete in der Ermordung von Millionen Juden und der Auslöschung ihrer Kultur in großen Teilen Europas durch die deutschen Nationalsozialisten unter Hitler.

FÜNF ERZÄHLUNGEN

Um die inneren Widersprüche der Texte und die Verschiedenheiten zwischen ihnen faßbarer zu machen, stelle ich Textgruppen zu jeweils einer Erzählung zusammen. So lasse ich fünf einzelne Erzählungen mit folgenden Titeln aufeinander folgen:

1. Erzählung von Yochanan
2. Erzählung von der jungfräulichen Geburt
3. Erzählung vom König der Juden
4. Erzählung vom Gottessohn
5. Erzählung vom Menschensohn

Der zweite Teil des Buches enthält die

Lehre des Rabbi Yeshua

Mit meiner Zusammenstellung der Sprüche, Reden und Gleichnisse Yeshuas und jeweils vollständigen Textzitaten aus den vier Evangelien hoffe ich, den Zugang zu den Gedanken und Absichten Yeshuas zu erleichtern und zur Klärung von Widersprüchen in der Textüberlieferung beizutragen.

1. Erzählung von Yochanan ben Zacharias

Lukas beginnt sein Evangelium mit der Geburt des Yochanan: Dem Priesters Zacharias erscheint der Engel Gabriel und kündigt ihm an, daß seine Ehefrau Elisabeth trotz ihres hohen Alters einen Sohn gebären wird, den er *Yochanan - Gott ist gnädig* - nennen soll. Er soll dem zukünftigen Herrn den Weg bereiten. Bei der Geburt des Yochanan stimmt Zacharias den Dankgesang an, der später nach seinem lateinischen Anfangswort *Benedictus* genannt wird.

BENEDICTUS
DANKGESANG DES ZACHARIAS
AUF DIE GEBURT SEINES SOHNES

Gepriesen sei der Herr, der Gott Israels;
denn er ist uns zu Hilfe gekommen
und hat sein Volk befreit!

Einen starken Retter hat er uns gesandt,
einen Nachkommen seines Dieners David!

So hat er es durch seine heiligen Propheten
schon seit Langem angekündigt:
Er wollte uns retten vor unseren Feinden
aus der Gewalt all derer, die uns hassen.

Er wollte unseren Vorfahren Erbarmen erweisen
und die Zusagen
seines heiligen Bundes nicht vergessen,
den er mit ihnen geschlossen hatte.

Schon unserem Ahnvater Abraham
hat er mit einem Eid versprochen,
uns aus der Macht der Feinde zu befreien,
damit wir keine Furcht mehr haben müssen
und unser Leben lang ihm dienen können
als Menschen,
die ganz ihrem Gott gehören und tun,
was er von ihnen verlangt.

Und du, mein Kind –
ein Prophet des Höchsten wirst du sein;
du wirst dem Herrn vorausgehen,
um den Weg für ihn zu bahnen.

Du wirst dem Volk des Herrn verkünden,
daß nun die versprochene Rettung kommt,
weil Gott ihnen ihre Schuld vergeben will.

Unser Gott ist voll Liebe und Erbarmen;
er schickt uns den Retter,
das Licht, das von oben kommt.
Dieses Licht leuchtet allen, die im Dunkeln sind,
die im finsteren Land des Todes leben;
er wird uns führen und leiten,
daß wir den Weg des Friedens finden.

Yochanan ben Zacharias wird auf vielen Abbildungen als Kind, Jugendlicher und erwachsener Mann gemeinsam mit Yeshua dargestellt, der manchmal als *Lamm (Gottes)* erscheint.

Die verwandtschaftliche Nähe und Altersgleichheit von Yochanan und Yeshua, wie Lukas sie darstellt, steht im Widerspruch zum Markusevangelium, und die meisten Kommentatoren gehen davon aus, daß Yochanan 30 Jahre älter war.

So wird Yochanan in den Evangelien als Vorläufer Yeshuas, als sein Wegbereiter vorgestellt. Das Evangelium des Markus beginnt so:

> *In diesem Buch ist aufgeschrieben, wie die frohe Botschaft (das Evangelium) von Jesus Christus, dem Sohn Gottes, ihren Anfang nahm. Es begann, wie es im Buch des Propheten Jesaja angekündigt wurde:*

> *Ich sende meinen Boten vor dir her, sagt Gott, damit er den Weg für dich bahnt.*
> *In der Wüste ruft einer:*
> *Macht den Weg bereit, auf dem der Herr kommt!*
> *Ebnet ihm die Straßen!*

> *Dies traf ein, als der Täufer Johannes in der Wüste auftrat und den Menschen verkündete: Kehrt um und laßt euch taufen, denn Gott will euch eure Schuld vergeben!*

31

Aus dem ganzen Gebiet von Judäa und aus Jerusalem strömten die Leute in Scharen zu ihm hinaus, bekannten öffentlich ihre Sünden und ließen sich von ihm im Jordan taufen. Johannes trug ein Gewand aus Kamelhaaren und um die Hüften einen Ledergurt; er lebte von Heuschrecken (wildem Obst) und dem Honig wilder Bienen.

Er kündigte an:

Nach mir kommt der, der mächtiger ist als ich.
Ich bin nicht einmal gut genug,
mich zu bücken und ihm
die Schuhe aufzubinden.
Ich habe euch mit Wasser getauft;
er wird euch mit dem Heiligen Geist taufen.

Zu dieser Zeit kam Jesus aus Nazareth in Galiläa zu Johannes und ließ sich von ihm im Jordan taufen. Als er aus dem Wasser stieg, sah er, wie der Himmel aufriß und der Geist Gottes wie eine Taube auf ihn herabkam.

Und eine Stimme aus dem Himmel
sagte zu ihm:
Du bist mein Sohn, dir gilt meine Liebe,
dich habe ich erwählt.

Markus 1,1-13

DER TÄUFER

Yochanan mahnte mit mächtiger Stimme, wort- und bildgewaltig zur Umkehr und ließ seine Anhänger im Wasser des Jordan untertauchen, um sie symbolisch von allen Sünden reinzuwaschen. Das geschah an der Stelle, an dem die Zwölf Stämme Israels ins Gelobte Land gelangten. Er wurde später *Yochanan HaMatbil – der Täufer* genannt, lebte als Asket, Prophet der Endzeit und Bußprediger und scheint eine strengere, männlichkeitsbetonte Haltung als Yeshua eingenommen zu haben.

- Für Yochanan war, beginnend mit der Taufe als Reinwaschung von den Sünden, die radikale Umkehr in allen Lebensgewohnheiten Bedingung für den einzelnen, ins wiedererrichtete zukünftige Israel einzugehen und der Strafe durch das Gericht Gottes zu entgehen.
- Yochanan benutzte mehr eine Sprache der Drohung und kündigte schon das Jüngste Gericht an, das schon im Buch Daniel vorausgesagt und später in der Offenbarung des Johannes (Apokalypse) ausgeführt wurde.
- Yeshua verkündete in einer Sprache der Verheißung, das Neue Israel sei immer schon im Werden und würde, wenn jeder Mensch mit dem, was er in seinem Inneren spüre, sich dem anderen zuwende, Wirklichkeit werden.

Aber beide sprechen voll Hochachtung voneinander.
So sagt Yeshua über Yochanan:

> Unter allen, die von einer Frau geboren sind „ist
> keiner aufgetreten, der größer ist als Johannes
> der Täufer.

Matthäus 11,11

DIE STIMME YOCHANANS

Yochanan redet seinen Zuhörern ins Gewissen:

> »Ihr Schlangenbrut, wer hat euch gesagt,
> daß ihr dem bevorstehenden Gericht Gottes
> entgeht? Zeigt durch eure Taten
> daß ihr es mit der Umkehr ernst meint.
> Ihr bildet euch ein,
> daß euch nichts geschehen kann,
> weil Abraham euer Stammvater ist.
> Aber das sage ich euch:
> Gott kann Abraham aus diesen Steinen hier
> neue Nachkommen schaffen!
>
> Die Axt ist auch schon angelegt,
> um die Bäume an der Wurzel abzuschlagen.
> Jeder Baum, der keine guten Früchte bringt,
> wird umgehauen und ins Feuer geworfen.

Und er kündigt Yeshua als seinen Nachfolger an:

> »Ich taufe euch mit Wasser,
> damit ihr euer Leben ändert.

Aber der, der nach mir kommt,
ist mächtiger als ich.

Ich bin nicht einmal gut genug,
ihm die Schuhe auszuziehen.
Er wird euch mit dem Heiligen Geist
und mit dem Feuer des Gerichts taufen.

Er hat die Worfschaufel in seiner Hand.
Er wird die Spreu vom Weizen scheide
und seinen Weizen in die Scheune bringen.
Die Spreu wird er in einem Feuer verbrennen,
das nie mehr ausgeht.«

Und manchmal sagt er das Gleiche wie Yeshua:

Die Menschen fragten Johannes:

»Was sollen wir denn tun?«

Seine Antwort war:

»Wer zwei Hemden hat,
soll dem eins geben,
der keines hat.
Und wer etwas zu essen hat,
soll es mit jemand teilen, der hungert.«

Auch Zolleinnehmer kamen
und wollten sich taufen lassen; sie fragten ihn:

»Lehrer, was sollen wir tun?«

Seine Antwort war:

»Verlangt nicht mehr, als festgesetzt ist!«

Auch Soldaten fragten ihn:

»Was sollen denn wir tun?«

Die Antwort war:

*»Beraubt und erpreßt niemand,
sondern gebt euch mit eurem Sold zufrieden!«*

Matthäus 3,7–11, Lukas 3,7–9, 16

YOCHANAN ODER YESHUA?

Wie angekündigt, lasse ich eine Reihe von Zitaten folgen, die eher Yochanan als Yeshua zuzuweisen sind:

**Ihr sollt nicht meinen, daß ich gekommen bin,
Frieden zu bringen auf die Erde.
Ich bin nicht gekommen,
Frieden zu bringen, sondern Streit.**

**Denn ich bin gekommen,
den Menschen zu entzweien mit seinem Vater
und die Tochter mit ihrer Mutter
und die Schwiegertochter mit ihrer
Schwiegermutter.**

Matthäus 10,34-35

Der Menschensohn wird seine Engel senden,
und sie werden sammeln aus seinem Reich alles,
was zum Abfall verführt und die da Unrecht tun,
und werden sie in den Feuerofen werfen;
da wird Heulen und Zähneklappern sein.

Matthäus 13,41-42

Wer da glaubt und getauft wird, der wird selig
werden; wer aber nicht glaubt, der wird
verdammt werden.

Markus 16,16

Wenn dich deine Hand
zum Abfall (vom Glauben) verführt,
so haue sie ab! Es ist besser für dich,
daß du verkrüppelt zum (ewigen) Leben eingehst,
als daß du zwei Hände hast
und fährst in die Hölle.

Markus 9,43

Ich bin gekommen,
ein Feuer anzuzünden auf Erden;
was wollte ich lieber, als daß es schon brennte!

Lukas 12,49

Fürchtet euch vor dem,
der, nachdem er getötet hat,
auch Macht hat, in die Hölle zu werfen.
Ja, ich sage euch, vor dem fürchtet euch.

Lukas 12,5

Doch diese meine Feinde, die nicht wollten,
daß ich ihr König werde,
bringt her und macht sie vor mir nieder.

Lukas 19,27

Wer nicht mit mir ist, der ist gegen mich.

Lukas 11,23

Vor allem folgt Yeshua seinem Vorgänger Yochanan nicht auf dem Weg der Askese: In Einladungen zum Essen und Trinken, zu Feiern mit Musik, Gesang und Tanz wie auf einer Hochzeit – das verkündet er als lebenswerte Gemeinschaft schon jetzt und im verheißenen Reich Gottes.

(Matthäus 11, 18)

Im Unterschied zu den Evangelisten gehen Historiker davon aus, daß Yochanan HaMatbil Yeshua überlebt hat, bis er von Herodes Antipas gefangengesetzt und enthauptet wurde, weil er dessen Ehe mit der Frau seines Bruders öffentlich kritisiert hatte. Der Legende nach verlangte Salome, die Tochter der Herodias, auf Betreiben ihrer Mutter von König Herodes als Geschenk für ihren Tanz den Kopf des Johannes.

Doch Herodes Antipas unterschätzte die Beliebtheit des Täufers im Volk. Er verlor den Krieg gegen den Vater seiner verstoßenen Frau, weil viele Soldaten ihm wegen der Exekution des Yochanan die Gefolgschaft verweigerten.

2. Erzählung von der Jungfräulichen Geburt

Unter den Berichten der vier Evangelisten über die Passion und die Auferstehung wurde der Bericht des Lukas über die Geburt Yeshuas zum berühmtesten Text der Christenheit (die Weihnachtsgeschichte):

> *Es begab sich aber zu der Zeit, daß ein Gebot vom Kaiser Augustus ausging, daß alle Welt geschätzet würde. Und diese Schätzung war die allererste und geschah zur Zeit, da Quirinius Statthalter in Syrien war. Und jedermann ging, daß er sich schätzen ließe, ein jeglicher in seine Stadt.*

> *Da machte sich auf auch Josef aus Galiläa, aus der Stadt Nazareth, in das jüdische Land zur Stadt Davids, die da heißt Bethlehem, weil er aus dem Hause und Geschlechte Davids war, damit er sich schätzen ließe mit Maria, seinem vertrauten Weibe; die war schwanger. Und als sie dort waren, kam die Zeit, daß sie gebären sollte. Und sie gebar ihren ersten Sohn und wickelte ihn in Windeln und legte ihn in eine Krippe; denn sie hatten sonst keinen Raum in der Herberge.*

> *Und es waren Hirten in derselben Gegend auf dem Felde bei den Hürden, die hüteten des Nachts ihre Herde. Und der Engel des Herrn trat zu ihnen, und die Klarheit des Herrn leuchtete um sie; und sie fürchteten sich sehr.*

Und der Engel sprach zu ihnen: Fürchtet euch nicht! Siehe, ich verkündige euch große Freude, die allem Volk widerfahren wird; denn euch ist heute der Heiland geboren, welcher ist Christus, der Herr, in der Stadt Davids. Und das habt zum Zeichen: ihr werdet finden das Kind in Windeln gewickelt und in einer Krippe liegen. Und alsbald war da bei dem Engel die Menge der himmlischen Heerscharen, die lobten Gott und sprachen:

Ehre sei Gott in der Höhe und Friede auf Erden bei den Menschen seines Wohlgefallens.

Und als die Engel von ihnen gen Himmel fuhren, sprachen die Hirten untereinander: Laßt uns nun gehen nach Bethlehem und die Geschichte sehen, die da geschehen ist, die uns der Herr kundgetan hat.

Und sie kamen eilend und fanden beide, Maria und Josef, dazu das Kind in der Krippe liegen. Als sie es aber gesehen hatten, breiteten sie das Wort aus, das zu ihnen von diesem Kinde gesagt war. Und alle, vor die es kam, wunderten sich über das, was ihnen die Hirten gesagt hatten. Maria aber behielt alle diese Worte und bewegte sie in ihrem Herzen. Und die Hirten kehrten wieder um, priesen und lobten Gott für alles, was sie gehört und gesehen hatten, wie denn zu ihnen gesagt war.

Lukas 2, 1-20, Übersetzung von Luther

PARADOXIEN

Als die Augenzeugenberichte aus der aramäisch-sprechenden in die griechisch-sprechende Welt übertragen wurden, ergaben sich übersetzungsbedingte Umdeutungen, die auch von einer gegenüber der Antike sich abhebenden Moralauffassung gestützt wurden.

Das aramäische Wort *alma* (*junge Frau*) wurde als *parthenos (Jungfrau)* ins Griechische übersetzt, und so wurde aus einer *jungen Frau* die *Jungfrau,* ins Lateinische übertragen als *virgo.*

Die Yeshua im Sinne des Paulus zugewiesene Rolle des *Erlösers der Menschen von ihren Sünden* schien nicht nur vorauszusetzen, daß er selbst *frei von aller Sünde* sei, sondern auch bereits seine Mutter.

So entstand das *Dogma von der Jungfräulichen Geburt Marias,* später noch überhöht durch die Annahme, ihre Mutter Anna habe sie schon *sündenlos empfangen.* Daraus wurde später das *Dogma der Unbefleckten Empfängnis.* Die nach dem Evangelium des Lukas berichtete Geburt Yeshuas von seiner Mutter Maria als Jungfrau stellt zwar die Schwangerschaft durch sexuellen Kontakt mit ihrem Ehemann Joseph aus dem Hause David in Frage, die kirchliche Tradition hält aber beides für miteinander vereinbar:

- Maria:
  die ihren Sohn Jesus als Jungfrau
  gebärende Mutter

41

- Joseph:
  der aus dem Hause des Königs David
  abstammende Vater

Doch da die Evangelisten Joseph im Weiteren nicht mehr erwähnen, ließe sich denken, daß er tatsächlich nicht der Vater war, und Yeshuas Name wäre *ben Mirjam*. Im Islam heißt er denn auch *Isa bin Maryam*. Was aber mit dieser Annahme der Vaterlosigkeit Yeshuas verschwindet, ist der Anspruch auf reale Macht zur Befreiung Israels von den Römern, für den der Königstitel steht.

ABGRENZUNG VON DER FAMILIE

Die Evangelien überraschen jeden Leser mit ihrer Unbefangenheit und Unbedenklichkeit bei der Verwendung einander abweichender und sich widersprechender Quellen. So gibt es nach der Einführung der Maria sowie der königlichen oder jungfräulichen Geburt keine weitere Erwähnung der Eltern,(außer der Legende über den Auftritt des 12jährigen Yeshua im Tempel: Lukas erzählt, daß die Eltern Yeshuas, die mit dem damals 12jährigen zum Pessachfest nach Jerusalem gepilgert waren, ihn auf dem Rückweg vermißten und nach ihm suchten. Endlich, nach drei Tagen, entdeckten sie Jesus im Tempel.

Er saß mitten unter den Gesetzeslehrern, hörte ihnen aufmerksam zu und stellte Fragen. [...] Die Eltern waren fassungslos, als sie ihn dort fanden.

»Kind«, fragte ihn Maria, »wie konntest du uns
nur so etwas antun? Dein Vater und ich haben
dich überall verzweifelt gesucht!«

Er antwortet: »Warum habt ihr mich gesucht?
Habt ihr denn nicht gewußt, daß ich im Haus
meines Vaters sein muß?«

Doch sie begriffen nicht, was er damit meinte.
Dann kehrte Jesus mit seinen Eltern nach
Nazareth zurück, und er war ihnen gehorsam.
Seine Mutter aber dachte immer wieder über das
nach, was geschehen war.

Lukas 2, 41-52

Über seine weitere Jugend erfahren wir nichts. Erst mit
etwa 27 scheint er seine Berufung gefunden zu haben und
bricht zu Wanderungen auf, bei denen ihn Männer
begleiten, die er auffordert, ihre Beschäftigung
aufzugeben und ihm zu folgen.

Zu seinen Jüngern sagte Jesus:

Auch sollt ihr hier auf der Erde keinen von euch
›Vater‹ nennen; denn nur einer ist euer Vater:
der im Himmel.

Matthäus, 23,9

Wenn jemand zu mir kommt und haßt nicht seinen Vater, Mutter, Frau, Kinder, Brüder, Schwestern, dazu auch sein eigenes Leben, der kann nicht mein Jünger sein.

Lukas 14, 26

Wer seinen Vater oder seine Mutter, seinen Sohn oder seine Tochter mehr liebt als mich, der ist es nicht wert, mein Jünger zu sein.

Matthäus 10, 37

Denn wer Gottes Willen tut, der ist für mich Bruder, Schwester und Mutter!

Markus 3, 35

Ich versichere euch: Jeder, der sein Haus, seine Frau, seine Geschwister, seine Eltern oder seine Kinder zurückläßt, um sich für Gottes Reich einzusetzen, der bekommt es hier auf dieser Erde vielfach wieder, und dann in der zukünftigen Welt das ewige Leben.

Lukas 18, 29-30

Es gibt dann die Szene, in der die Mutter und seine Brüder auf ihn warten, um ihn zu sprechen, aber von ihm abgewiesen werden:

Da kamen seine Mutter und seine Brüder; sie blieben vor dem Haus stehen und ließen ihn herausrufen. Es saßen viele Leute um ihn herum und man sagte zu ihm:

‚Deine Mutter und deine Brüder stehen draußen
und fragen nach dir'. Er erwiderte: ‚Wer ist
meine Mutter und wer sind meine Brüder?'

Markus 3, 31-35 und Matthäus 12, 46-50

Aus den Texten geht hervor, daß Yeshua mit mehreren
Geschwistern aufgewachsen ist. Es wird nicht ersichtlich,
ob er der Älteste war. Außerdem kann es keinen Zweifel
daran geben, daß seine Mutter nicht ihr Leben lang
Jungfrau geblieben ist.

Im Evangelium des Johannes befremdet seit jeher der
schroffe Umgang Yeshuas mit seiner Mutter bei der
Hochzeit von Kana: Wie der Evangelist vermeldet, kommt
es fast zum Eklat zwischen Mutter und Sohn:

Als der Wein ausging, sagte die Mutter Yeshuas
zu ihm: Sie haben keinen Wein mehr. Jesus
erwiderte ihr: Was willst du von mir, Frau?
Meine Stunde ist noch nicht gekommen.

Noch barscher in der Lutherbibel: *Weib, was habe ich mit*
dir zu schaffen?

Es gibt also zwei Szenen, in denen Yeshua sich
größtmöglichen Abstand zwischen sich und den Seinen
verschafft. Die spätere Verklärung der *Heiligen Familie*
kennt solche Mißtöne nicht.

3. Erzählung vom König der Juden

Der Thron Davids

Nach Lukas war Elisabeth die Kusine der Maria, die sie besucht und ihr von ihrer Schwangerschaft erzählt, die ihr von dem Engel Gabriel verkündet war.

Maria stimmt vor ihrer Kusine den Lobgesang an, der später nachseinem lateinischen Anfangswort Magnifikat genannt wurde:

MAGNIFIKAT
LOBGESANG DER MARIA AUF IHRE SCHWANGERSCHAFT

Mein Herz preist den Herrn,
alles in mir jubelt vor Freude über Gott,
meinen Retter!

Ich bin nur seine geringste Dienerin,
und doch hat er sich mir zugewandt.
Jetzt werden die Menschen
mich glücklich preisen
in allen kommenden Generationen;
denn Gott hat Großes an mir getan,
er, der mächtig und heilig ist.

Sein Erbarmen hört niemals auf;
er schenkt es allen, die ihn ehren,
von einer Generation zur andern.

Jetzt hebt er seinen gewaltigen Arm
und fegt die Stolzen weg samt ihren Plänen.
Jetzt stürzt er die Mächtigen vom Thron
und richtet die Unterdrückten auf.

Den Hungernden gibt er reichlich zu essen
und schickt die Reichen mit leeren Händen fort.

Er hat an seinen Diener Israel gedacht
und sich über sein Volk erbarmt.

Wie er es unsern Vorfahren versprochen hatte,
Abraham und seinen Nachkommen für alle Zeiten.

**Mit der Umkehrung der gesellschaftlichen Hierarchie
verkünden Zacharias und Maria die zukünftige Botschaft
und Lehre Yeshuas. Nach späterem dogmatischem
Verständnis wären beide zwangsläufig exkommuniziert
und als Häretiker verurteilt worden. Da Magnificat und
Benedictus jahrhundertelang auf Latein gesungen
wurde, was für die Mehrheit der Gläubigen
unverständlich war, konnte die Brisanz dieser Verse
überhört werden.**

Die königliche Abstammung ergibt sich über Yeshuas Vater Yoseph aus dem Hause David, die Matthäus mit einem auf Abraham zurückreichenden Stammbaum belegt (Matthäus 1, 1-17), und den Geburtsort Bethlehem als die Stadt Davids erwähnt. In diese Erzählung fügt sich auch die Erscheinung der Weisen aus dem Morgenland, die dem Neugeborenen königliche Geschenke darbringen sowie die Ermordung aller Neugeborenen in Bethlehem, die König Herodes anordnet, weil das Neugeborene aus dem Stamm Davids ihm die Königwürde streitig machen könnte.

Auch der Engel, den Lukas der Maria die Botschaft von der Geburt ihres Sohnes überbringen läßt, kündigt Yeshua als *Zukünftigen König* an:

Fürchte dich nicht, Maria;
denn du hast Gnade bei Gott gefunden.
Du wirst ein Kind empfangen,
einen Sohn wirst du gebären,
dem sollst du den Namen Yeshua (Gott hilft) geben.

Er wird groß sein und Sohn des Höchsten heißen.
Und Gott der Herr wird ihm den Thron Davids,
seines Vaters, verheißen.

Und er wird über das Haus Jakob auf ewig König
sein, und seine Herrschaft wird kein Ende haben.

Lukas 1, 30-33

Aus dem Namen *Yehoshua oder Yeshua* ergibt sich die Rolle des Retters oder Befreiers. Er basiert auf der hebräischen Wurzel יָשַׁע *[jaʃa] „retten"* oder *„helfen" in Verbindung mit den vier Buchstaben für Gott:* יְהוֹשֻׁעַ *„Jehoschua" (JHWH ist Rettung).* Als Ausdruck einer tiefen Sehnsucht und Hoffnung der Juden in Zeiten der Unterdrückung war der Name damals häufig.

Auch der Ausruf *Hosianna oder Hosanna* steht in diesem Zusammenhang. Der hebräische Ausdruck הוֹשִׁיעָה נָא *[hoʃiʕana]* entspricht dem aramäischen *hoscha' na - hoschiana* (eigentlich zwei Worte) und ist ein Fleh- oder Klageruf an Gott oder einen König. Er bedeutet *Hilf doch!* oder *Hilf bitte!* Aus dem altgriechischen Ὡσαννά *[ho:zanna]* wird das lateinische *hosanna* der Vulgata und der katholischer Liturgie. Im allgemeinen Gebrauch wird *Hosianna* ähnlich verwendet wie *Halleluja* (*Lobet den Herrn*) – die ursprüngliche Bedeutung ist verblaßt. So erscheint das *Hosianna* in den Evangelien im Zusammenhang mit dem Einzug Yeshuas auf einer Eselin nach Jerusalem in der Formel *Hos(i)anna dem Sohne Davids! Gelobt sei, der da kommt in dem Namen des Herrn!* (so Matthäus 21,9 mit ähnlichen Formulierungen bei Markus 11,9f und Johannes 12,13). In wörtlicher Übersetzung rufen sie: *Sohn Davids, hilf uns, rette uns!*

FÜR DEN KAISER VON ROM
UND FÜR DEN GOTT ISRAELS

Einige Pharisäer beschlossen, Jesus mit einer verfänglichen Frage in die Falle zu locken. Sie schickten ihre Jünger zu Jesus und auch einige Parteigänger von Herodes; die sagten zu ihm:

»Lehrer, wir wissen, daß es dir nur um die Wahrheit geht. Du lehrst klar und deutlich, wie wir nach Gottes Willen leben sollen. Denn du läßt dich nicht von Menschen beeinflussen, auch wenn sie noch so mächtig sind. Nun sag uns deine Meinung: Ist es nach dem Gesetz Gottes erlaubt, dem römischen Kaiser Steuer zu zahlen, oder nicht?«

Jesus erkannte ihre böse Absicht und sagte: »Ihr Scheinheiligen, ihr wollt mir doch nur eine Falle stellen! Zeigt mir eins von den Geldstücken, mit denen ihr die Steuer bezahlt.« Sie gaben ihm eine Silbermünze, und er fragte: »Wessen Bild und wessen Name sind denn hier aufgeprägt?« - »Das Bild und der Name des Kaisers«, antworteten sie.

Da sagte Jesus: »Dann gebt dem Kaiser, was dem Kaiser gehört, — aber gebt Gott, was Gott gehört!« Solch eine Antwort hatten sie nicht erwartet. Sie ließen Jesus in Ruhe und gingen weg.

Matthäus 22, 21

SILBERNER DENAR DES TIBERIUS

Reza Aslan hat in seinem Buch *Zelot* darauf aufmerksam gemacht, von welcher Brisanz die Aussage ist *Gebt Gott, was Gott gehört*: Yeshua habe damit eindeutig die Position der Wiederherstellung Israels als Reich Gottes vertreten!

Die Zwölf Stämme Israels

Es ist davon die Rede, daß Yeshua zuerst seine 12 Mitstreiter und dann paarweise über 70 Männer (oder 6mal 12) in alle Richtungen in Galiläa aussendet, damit sie seine Botschaft überallhin verbreiten. Er rechnete sowohl damit, daß sie empfangen, bewirtet und angehört werden, wie daß sie abgewiesen und abgelehnt werden und daß daraus Streitigkeiten in Familien, zwischen Freunden und allen möglichen Bewohnern des Landes hervorgehen. Der Wortlaut läßt offen, welche Stimme wir hier vernehmen, die Yeshuas oder Yochanans;

> *Und er rief seine zwölf Jünger zu sich und gab ihnen die Vollmacht, böse Geister auszutreiben und alle Krankheiten und Leiden zu heilen. Hier sind die Namen dieser zwölf Apostel: Der erste von ihnen Simon, bekannt unter dem Namen Petrus; dann Andreas, der Bruder Simons; Jakobus, der Sohn von Zebedäus, und sein Bruder Johannes; Philippus und Bartholomäus; Thomas und der Zolleinnehmer Matthäus; Jakobus, der Sohn von Alphäus, und Thaddäus; Simon, der zur*

51

Partei der Zeloten gehört hatte, und Judas Iskariot, der Jesus später verriet.
Diese zwölf sandte Jesus aus mit dem Auftrag: »Meidet die Orte, wo Nichtjuden wohnen, und geht auch nicht in die Städte Samariens, sondern geht zum Volk Israel, dieser Herde von verlorenen Schafen.

Verkündet ihnen: ›Jetzt wird Gott seine Herrschaft aufrichten und sein Werk vollenden!‹

Heilt die Kranken, weckt die Toten auf, macht die Aussätzigen rein und treibt die bösen Geister aus! Umsonst habt ihr alles bekommen, umsonst sollt ihr es weitergeben. Beschafft euch kein Reisegeld, weder Goldstücke noch Silber- oder Kupfergeld! Besorgt euch auch keine Vorratstasche, kein zweites Hemd, keine Schuhe und keinen Wanderstock! Denn wer arbeitet, hat ein Anrecht auf Unterhalt. Wenn ihr in eine Stadt oder in ein Dorf kommt, dann findet heraus, wer es wert ist, euch in sein Haus aufzunehmen. Bleibt dort, bis ihr weiterzieht. Wenn ihr das Haus betretet, dann wünscht allen, die darin wohnen, Frieden! Wenn sie es wert sind, wird euer Friedenswunsch in Erfüllung gehen. Andernfalls bleibt er wirkungslos. Wo sie euch nicht aufnehmen und nicht anhören wollen, da geht aus dem Haus oder der Stadt weg und schüttelt den Staub von den Füßen. Ich versichere euch:

Am Tag des Gerichts wird Gott mit den Leuten von Sodom und Gomorra mehr Nachsicht haben als mit den Bewohnern einer solchen Stadt.

Das muss euch klar sein: Ich sende euch wie Schafe mitten unter Wölfe. Seid klug wie die Schlangen und doch ohne Hinterlist wie die Tauben. Nehmt euch in Acht vor den Menschen! Sie werden euch an die Gerichte ausliefern und in ihren Synagogen auspeitschen. Auch vor Statthalter und Könige werdet ihr um meinetwillen gestellt werden, um auch vor ihnen, den Vertretern der nichtjüdischen Völker, als Zeugen für mich auszusagen.

Wenn sie euch an die Gerichte ausliefern, dann macht euch keine Sorgen, was ihr sagen sollt oder wie ihr es sagen sollt. Es wird euch im entscheidenden Augenblick schon eingegeben werden. Nicht ihr werdet dann reden, sondern der Geist eures Vaters wird aus euch sprechen.

Ein Bruder wird den andern dem Henker ausliefern und ein Vater seine Kinder. Kinder werden sich gegen ihre Eltern stellen und sie in den Tod schicken. Alle werden euch hassen, weil ihr euch zu mir bekennt. Aber wer bis zum Ende standhaft bleibt, wird gerettet. Wenn sie euch in der einen Stadt verfolgen, dann flieht in eine andere. Ich versichere euch: Ihr werdet mit eurem Auftrag in den Städten Israels nicht fertig werden, bis der Menschensohn kommt. Kein

Schüler steht über seinem Lehrer und kein Sklave über seinem Herrn. Der Schüler kann froh sein, wenn es ihm ergeht wie seinem Lehrer, und der Sklave, wenn es ihm ergeht wie seinem Herrn. Wenn sie schon den Hausherrn Oberteufel nennen, dann werden sie seine Leute erst recht so beschimpfen.

Fürchtet euch nicht vor diesen Menschen! Was verhüllt ist, wird offenbar werden, und was niemand weiß, wird allen bekannt werden. Was ich euch in der Dunkelheit anvertraue, das sagt am hellen Tag weiter, und was ich euch ins Ohr flüstere, das ruft laut in der Öffentlichkeit aus. Fürchtet euch nicht vor denen, die nur den Leib, aber nicht die Seele töten können. Fürchtet euch vor Gott, der Leib und Seele ins ewige Verderben schicken kann. Kauft man nicht zwei Spatzen für einen Groschen? Und doch fällt nicht einmal ein Spatz auf die Erde, ohne daß euer Vater es weiß. Bei euch aber ist sogar jedes Haar auf dem Kopf gezählt. Habt also keine Angst: Ihr seid Gott mehr wert als ein ganzer Schwarm Spatzen! Wer sich vor den Menschen zu mir bekennt, zu dem werde auch ich mich bekennen am Gerichtstag vor meinem Vater im Himmel. Wer mich aber vor den Menschen nicht kennen will, den werde auch ich am Gerichtstag vor meinem Vater im Himmel nicht kennen.

*Denkt nicht, daß ich gekommen bin, Frieden in
die Welt zu bringen. Nein, ich bin nicht
gekommen, Frieden zu bringen, sondern Streit.*

*Ich bin gekommen, um die Söhne mit ihren
Vätern zu entzweien, die Töchter mit ihren
Müttern und die Schwiegertöchter mit ihren
Schwiegermüttern. Die nächsten Verwandten
werden einander zu Feinden werden. Wer Vater
oder Mutter mehr liebt als mich, ist es nicht
wert, zu mir zu gehören. Wer Sohn oder Tochter
mehr liebt als mich, ist es nicht wert, zu mir zu
gehören. Wer nicht sein Kreuz auf sich nimmt
und mir auf meinem Weg folgt, ist es nicht
wert, zu mir zu gehören. Wer sein Leben
festhalten will, wird es verlieren. Wer es aber
um meinetwillen verliert, wird es gewinnen.*

*Wer euch aufnimmt, nimmt mich auf; und wer
mich aufnimmt, nimmt den auf, der mich
gesandt hat. Wer einen Propheten aufnimmt,
weil er ein Prophet ist, wird auch wie ein
Prophet belohnt. Wer einen Gerechten
aufnimmt, weil er ein Gerechter ist, wird auch
wie ein Gerechter belohnt.
Und wer einem ganz unbedeutenden Menschen
auch nur einen Schluck kaltes Wasser zu trinken
gibt – einfach, weil er mein Jünger ist –, ich
versichere euch, wer das tut, wird ganz gewiss
nicht leer ausgehen.*

Matthäus 10, 1-49

Kann man sich vorstellen, Yeshua setze seine Leute nur mit dem Ziel in Bewegung, Entzweiung auszulösen und sie in Gefahr zu bringen? Was ist also das wirkliche Ziel, wenn nicht, die Zwölf Stämme Israels wieder in ihre Rechte einzusetzen?

Wie brisant die von Yeshua ausgehende Verkündung der Wiedererrichtung des Reiches Israel ist, geht aus den folgenden Worten des Lukas hervor:

> *Da kamen dem Landesfürsten Herodes all diese Geschehnisse zu Ohren und er geriet in Unruhe, weil von einigen behauptet wurde, der Täufer Johannes sei von den Toten auferstanden, von anderen, Elia sei erschienen, von wieder anderen, einer von den alten Propheten sei auferstanden.*

Lukas 8, 7-8

Hier läßt sich natürlich eine Verbindung zum angeblichen *Kindermord* der Weihnachtsgeschichte im Matthäusevangelium herstellen, den Herodes wegen des Gerüchtes anordnet, es sei ein neuer König der Juden geboren worden.

Wie schon gesagt: Da die Evangelisten die soziale Situation in Galiläa, Judäa und Jerusalem nicht aus eigener Erfahrung kannten, hatten sie für die Unterdrückung durch die römische Besatzung keinen Sinn. Aus ihrer römerfreundlichen Einstellung entgeht ihnen, daß es damals eine sehr starke Unabhängigkeitsbewegung gab.

In allen vier Evangelien sind viele Aussagen über die zwölf Männer, die Yeshua um sich versammelt hatte, widersprüchlich und unklar. Sie folgen ihm, ohne zu wissen, was er von ihnen will. Johannes betont mehr als die anderen Evangelisten, wie wenig die Schüler ihren Lehrer verstanden haben. Über ihre Persönlichkeit erfahren wir fast nichts, die angebliche Feigheit des Petrus und der angebliche Verrat des Judas hinterlassen offene Fragen. Die Evangelisten äußern kein Wort darüber, welche Persönlichkeiten die Mitstreiter Yeshuas waren und was sie zur Durchsetzung seiner Ziele hätten beitragen können. Wenn sie Simon Kananäus als *Zeloten (Eiferer)* bezeichnen, sehen sie möglicherweise darin nur einen Namen. Auch die Bezeichnung *Donnersöhne* für die Apostel Jakobus und seinen Bruder Johannes bleibt ungeklärt.

Vielleicht waren die *Zwölf*, die für Yeshua so wichtigen Mitstreiter, viel stärkere und eigenständigere Persönlichkeiten, als es der blassen Darstellung der Evangelien zu entnehmen ist.

Petrus und Judas bekämen in diesem Szenario eine ganz andere Rolle − und ihr Verhalten wäre damit um vieles verständlicher: Judas gehörte als Mann mit dem Dolch zu den Widerstandskämpfern, die Yeshua als Leitfigur für die Befreiung von den Römern sah. Er sieht aber ein, daß ein bewaffneter Widerstand gegenüber der Übermacht der Römer aussichtslos ist und versucht im Kontakt mit den führenden Priestern zu vermitteln, um Jesus vor einer Verurteilung zu bewahren. Petrus macht mit seinem Schwertstreich einen vergeblichen Versuch, Yeshuas

Verhaftung zu verhindern, muß aber gerade deshalb seine Zugehörigkeit zu der Gruppe um ihn abstreiten, um einer drohenden Verfolgung zu entgehen.

Goethe hatte im Nachlaß seiner *Maximen und Reflexionen* geschrieben: *Die christliche Religion ist eine intentionierte eine politische Revolution, die, verfehlt, später moralisch geworden ist.* Damit steht er ziemlich allein da, da bis heute als allgemeiner Konsens vertreten wird, Yeshua hätte eindeutig keine politischen Ziele verfolgt.

Bei so dürftigen Anhaltspunkten macht es wenig Sinn, weiteren Vermutungen nachzugehen, aber es fällt doch schwer, der Darstellung der Evangelisten zu folgen, nach der Yeshua in der Vorahnung oder sogar im Wissen um sein sicheres Scheitern mit seinen Anhängern nach Jerusalem gegangen ist. Es liegt doch näher, anzunehmen, daß sein zunehmendes Ansehen und der Erfolg seiner Mitstreiter bei ihrer Verkündung seiner Ziele ihn und seine Freunde ermutigt hatte, auf eine Bewegung zu vertrauen, die gerade an Stärke gegenüber der römischen Besatzungsmacht zunahm, auch wenn es gerade in Jerusalem starke Stimmen gegen ihn gab.

TEMPELREINIGUNG

Die Begeisterung der Einwohner Jerusalems Yeshuas Ankunft in der Hauptstadt, den alle vier Evangelien mit großer Übereinstimmung schildern, läßt auf die hohen Erwartungen des Volkes schließen, die ihn Yeshua den zukünftigen König der Juden sehen. So erfüllt Yeshuas gebieterisches Auftreten im Vorhof des Jerusalemer Tempels die in ihn gesetzten Erwartungen als mutige Geste gegen die Korruption und Kollaboration des Priesteradels mit den Römern. Er erregte großes Aufsehen, als er die Geldwechsel- und Verkaufsstände der Händler im Vorhof des Tempels umstieß. Das Ereignis wird in allen vier Evangelien ähnlich berichtet, das gebieterische Auftreten Yeshuas steht aber im eklatanten Widerspruch zu allen ihm im Übrigen zugeschriebenen Handlungen.

> *„[...] weil das Osterfest der Juden nahe bevorstand, zog Jesus nach Jerusalem hinauf. Er fand dort im Tempel die Verkäufer von Rindern, Schafen und Tauben und die Geldwechsler sitzen. Da flocht er sich eine Geißel aus Stricken und trieb sie alle samt ihren Schafen und Rindern aus dem Tempel hinaus, verschüttete den Wechslern das Geld und stieß ihre Tische um und rief den Taubenhändlern zu: ‚Schafft das weg von hier! Macht das Haus meines Vaters nicht zu einem Kaufhause!'"*
>
> *Johannes 2,13–16*

ABSCHIED VON DEN ZWÖLFEN

> *Als die Stunde gekommen war, setzte sich Jesus zu Tisch und die Apostel mit ihm. Dann nahm er den Becher mit Wein, sprach darüber das Dankgebet und sagte: »Nehmt diesen Becher und teilt ihn unter euch! Denn ich sage euch: Ich werde erst wieder Wein trinken, wenn die neue*

Welt Gottes da ist.« Dann nahm Jesus ein Brot,
sprach darüber das Dankgebet, brach es in
Stücke und gab es ihnen mit den Worten: »Das
ist mein Leib, der für euch geopfert wird. Tut das
immer wieder, damit unter euch gegenwärtig ist,
was ich für euch getan habe!« Ebenso nahm er
nach dem Essen den Becher mit Wein und sagte:
»Dieser Becher ist Gottes neuer Bund, der in
Kraft gesetzt wird durch mein Blut, das für euch
vergossen wird.

Da sagte Jesus zu ihnen:

»Die Könige üben Macht über ihre Völker aus,
und die Tyrannen lassen sich sogar noch
›Wohltäter des Volkes‹ nennen. Bei euch muss
es anders sein! Der Größte unter euch muss wie
der Geringste werden und der Führende wie
einer, der dient. Wer ist denn größer: der am
Tisch sitzt oder der bedient? Natürlich der am
Tisch! Aber ich bin unter euch wie der Diener.
Ihr habt mit mir durchgehalten in allen
Prüfungen, die ich zu bestehen hatte. Dafür
werde ich euch an der Herrschaft beteiligen, die
mein Vater mir übertragen hat.

Wenn ich meine Herrschaft angetreten habe,
werdet ihr an meinem Tisch essen und trinken
und über die zwölf Stämme Israels herrschen.«

Lukas 22, 14-20 und 25-28

WAFFEN ZUR VERTEIDIGUNG

Dann fragte Jesus die Apostel: »Als ich euch ohne Geldbeutel, Vorratstasche und Schuhe auf den Weg schickte, habt ihr da an irgendetwas Mangel gehabt?« »Nein, an nichts«, sagten sie. Jesus erwiderte: »Von jetzt ab gilt etwas anderes: Wer einen Geldbeutel hat, soll ihn mitnehmen, und wer eine Vorratstasche hat, ebenso!

Wer nichts hat als sein Obergewand, soll es verkaufen und sich ein Schwert dafür beschaffen.

Denn ich sage euch, es muss an mir in Erfüllung gehen, was in den Heiligen Schriften steht: ›Er wurde unter die Verbrecher gezählt.‹ Mit mir geht es jetzt zu Ende.«

Die Apostel sagten: »Herr, da haben wir zwei Schwerter!«

Jesus antwortete: »Ihr versteht mich nicht.«

Als ein Trupp von Männern kam, *da merkten auch die Jünger, was bevorstand, und fragten: »Herr, sollen wir mit dem Schwert zuschlagen?« Und einer von ihnen hieb auf den Bevollmächtigten des Obersten Priesters ein und schlug ihm das rechte Ohr ab. Aber Jesus sagte: »Halt! Hört auf!« ... Dann wandte er sich an die*

führenden Priester, die Hauptleute der
Tempelwache und die Ratsältesten, die ihn
festnehmen wollten: »Warum rückt ihr hier mit
Schwertern und Knüppeln an; bin ich denn ein
Verbrecher? Täglich war ich bei euch im Tempel
und ihr seid nicht gegen mich vorgegangen. Aber
jetzt ist eure Stunde gekommen. Jetzt haben die
dunklen Mächte Gewalt über mich.«

Lukas 22, 35-38 und 49-53

ANMERKUNG ZUM SANHEDRIN

Der weitere Hergang wird so geschildert, daß Yeshua vom obersten jüdischen Rat, dem Sanhedrin verhört wird und dann an Pilatus ausgeliefert wird. Das Verhalten der Ratsmitglieder hat eine gewisse Plausibilität: Ihre den Machtverhältnissen geschuldete Kollaboration mit den Römern ließ sie voraussehen, daß ein Widerstand gegen die römische Übermacht Strafaktionen auslösen würde, wie sie später tatsächlich stattfanden: im Jahre 70 wurde der Tempel in Jerusalem zerstört und viele Einwohner ermordet. Im Jahre 135 wurden die in übriggebliebenen Juden aus Jerusalem und Judäa vertrieben und große Teile der Stadt zerstört.

Kajphas war es, der den Ratsmitgliedern
klargemacht hatte, daß es von Vorteil sei, wenn
ein Einziger für das ganze Volk sterbe. Seht ihr
nicht, daß es euer Vorteil ist, wenn einer für alle
stirbt und nicht das ganze Volk vernichtet wird?

Johannes 18,14 und 11,50

In den Evangelien wird im Rahmen der antijüdischen Polemik, die das Christentum begründet, die Rolle des Sanhedrins, dem obersten jüdischen Rat und Gerichtshof, verzerrt dargestellt: Sämtliche früheren Mitglieder waren durch Herodes umgebracht und durch willfährige Mitglieder ersetzt worden. Danach wurden die freiwerdenden Posten nur noch durch Mitglieder besetzt, die von der römischen Präfektur ausgewählt wurden. Auch der Tempel in Jerusalem, der mit den von den Pilgern den gespendeten Geldern sehr reich war, stand unter römischer Oberaufsicht. Daraus läßt sich aber nicht schließen, die geheiligten und kodifizierten Regelungen des Sanhedrins hätten mißachtet werden können. Eine Beteiligung an der Aufsicht über Staats- und Gerichtsangelegenheiten unterstand den Adelshäusern der Sadduzäer, die daher von der Bevölkerung der Konspiration mit den Römern beschuldigt wurden. Die bürgerlichen Pharisäer standen mehr auf der Seite des Volkes.

Aus den Darstellungen von gerichtlichen Abläufen, geht hervor, daß man auf äußerst korrekte Vorgehensweise bedacht war, besonders wenn es um Todesstrafe ging, Das Prinzip war immer *im Zweifel für den Angeklagten*. Keine Entscheidung durfte ohne Zeugen und übereilt getroffen werden. der Beschluß eines Todesurteils erforderte mindestens zwei Verhandlungstage mit der Möglichkeit einer Zurücknahme. Insofern wirken die in den Evangelien geschilderten Abläufe äußerst unwahrscheinlich. Eine Nacht- und Nebelaktion, wie sie in den Evangelien geschildert wird, ist nach den Grundsätzen des Sanhedrins undenkbar. Auch wenn alle

Evangelien darin übereinstimmen, daß Judas einige Hauptleute der Tempelwache unter Begleitung von ranghohen Priestern und Ratsältesten zu Yeshua führt, die ihn nach einem kurzen Verhör im Hause des Kajaphas zum Palast des Pilatus überführt, muß man diese Darstellung in Frage stellen.

Ein berühmtes Zitat aus der Mischna gibt den humanen Geist des Sanhedrins wieder:

Jeder, der ein Leben zerstört,
dem wird es von der Schrift angerechnet,
wie wenn er die ganze Welt zerstört hätte.
Und jeder, der ein Leben erhält,
dem wird es von der Schrift angerechnet,
wie wenn er die ganze Welt erhalten hätte.

(mSanh IV,5; MÜ)

PONTIUS PILATUS

Herodes (auch Herodes der Große) war von den Römern 39 v. Chr. als jüdischer Klientelkönig eingesetzt worden. Nach seinem Tod wurden seine Söhne Archelaos (Judäa und Samaria), Antipas (Galiläa und Peräa)), Philippos (Ituräa, Golan, Trachonitis) und seine Schwester Salome I. (einige südwestliche Städte) als sogenannt Tetrarchen (Vierfürsten) eingesetzt. Statthalter (Präfekt) des Kaisers Tiberius war von 26-36 Pontius Pilatus.

Er wurde wegen Übertretung seiner Befugnisse in seiner zehnjährigen Amtszeit und letztlich wegen der Niedermetzelung einer Pilgergruppe abgesetzt.

Im auffälligen Gegensatz zu den Evangelisten fällt Philon von Alexandria ein sehr negatives Urteil über ihn und zählt folgende Eigenschaften auf: *Bestechlichkeit; Gewalttätigkeit, Räuberei, Mißhandlung, Beleidigung, fortwährende Hinrichtung nicht abgeurteilter Gefangener und seine endlosen und unerträglichen Grausamkeiten.*

Es handelt sich bei dem von den Evangelisten überlieferten Bild um eine legendenhafte Beschönigung einer sehr problematischen Persönlichkeit. In der Darstellung des Pontius Pilatus ist die antijüdische Polemik unüberhörbar.

Yeshua wurde von römischen Soldaten gefangen genommen und unter der Anklage, sich die *Würde eines Königs der Juden* angemaßt zu haben, von Pontius Pilatus zum Tode verurteilt. Der Bezug auf die königliche Geburt Yeshuas aus dem Hause Davids ist in diesem Sinne konsequent. Er wird als *König der Juden* zum Tode verurteilt, als solcher von den Soldaten verspottet, die ihn erst auf grausame römische Art geißeln, ihm dann einen Purpurmantel als Zeichen königlicher Würde anlegen und ihm eine Dornenkrone aufsetzen.

Kreuzigung

AUS DEM EVANGELIUM DES MATTHÄUS

Die Soldaten des Statthalters brachten Jesus in den Palast und versammelten die ganze Mannschaft um ihn. Sie zogen ihm seine Kleider aus und hängten ihm einen roten Soldatenmantel um, flochten eine Krone aus Dornenzweigen und drückten sie ihm auf den Kopf. Sie gaben ihm einen Stock in seine rechte Hand, warfen sich vor ihm auf die Knie und machten sich über ihn lustig. »Hoch lebe der König der Juden!«, riefen sie. Dann spuckten sie ihn an, nahmen ihm den Stock wieder weg und schlugen ihn damit auf den Kopf. Nachdem sie so ihren Spott mit ihm getrieben hatten, nahmen sie ihm den Soldatenmantel ab, zogen ihm seine eigenen Kleider wieder an und führten ihn hinaus, um ihn ans Kreuz zu nageln.

Unterwegs trafen sie einen Mann aus Kyrene namens Simon. Den zwangen sie, für Jesus das Kreuz zu tragen. So kamen sie an die Stelle, die Golgota heißt, das bedeutet »Schädelplatz«. Dort gaben sie Jesus Wein mit einem Zusatz, der bitter war wie Galle; aber als er davon gekostet hatte, wollte er ihn nicht trinken. Sie nagelten ihn ans Kreuz und losten dann untereinander seine Kleider aus. Danach setzten sie sich hin und bewachten ihn.

Über seinem Kopf hatten sie ein Schild angebracht, auf dem der Grund für seine Hinrichtung geschrieben stand: »Dies ist Jesus, der König der Juden!«

מלכא דיהודאיא

Ἰησοῦς ὁ Ναζωραῖος ὁ Βασιλεὺς τῶν Ἰουδαίων
Iesus **N**azarenus **R**ex **I**udaeorum - INRI
(Jesus Nazarener, König der Juden)

Mit Jesus zusammen wurden zwei Verbrecher gekreuzigt, einer rechts und einer links von ihm. Die Leute, die vorbeikamen, schüttelten den Kopf und verhöhnten Jesus: »Du wolltest den Tempel niederreißen und in drei Tagen wieder aufbauen! Wenn du Gottes Sohn bist, dann befrei dich doch und komm herunter vom Kreuz!« Genauso machten sich die führenden Priester und die Gesetzeslehrer und Ratsältesten über Jesus lustig. »Anderen hat er geholfen«, spotteten sie, »aber sich selbst kann er nicht helfen! Wenn er der König von Israel ist, soll er vom Kreuz herunterkommen, dann werden wir ihm glauben. Er hat doch auf Gott vertraut; der soll ihm jetzt helfen, wenn ihm etwas an ihm liegt. Er hat ja behauptet: ›Ich bin Gottes Sohn.‹« Genauso beschimpften ihn auch die beiden Verbrecher, die zusammen mit ihm gekreuzigt worden waren.

Um zwölf Uhr mittags verfinsterte sich der
Himmel über dem ganzen Land. Das dauerte bis
um drei Uhr. Gegen drei Uhr schrie Jesus:

»Eli, eli, lema sabachtani?« – das heißt:
»Mein Gott, mein Gott,
warum hast du mich verlassen?«
Einige von denen, die dabeistanden
und es hörten, sagten:
»Der ruft nach Elija!«
Einer lief schnell nach einem Schwamm,
tauchte ihn in Essig, steckte ihn auf eine Stange
und wollte Jesus trinken lassen.
Aber die anderen riefen:
»Laß das! Wir wollen sehen,
ob Elija kommt und ihm hilft.«

Doch Jesus schrie noch einmal laut auf und starb.

DIE SIEBEN LETZTEN WORTE YESHUAS AM KREUZ

Vater, vergib ihnen,
denn sie wissen nicht, was sie tun.

Amen, ich sage dir:
Heute noch wirst du mit mir
im Paradiese sein.

Frau, siehe, dein Sohn! und:
Siehe, deine Mutter!

Mein Gott, mein Gott,
warum hast du mich verlassen?

Mich dürstet.

Es ist vollbracht.

Vater, in deine Hände
lege ich meinen Geist.

Da zerriß der Vorhang vor dem Allerheiligsten im Tempel von oben bis unten. Die Erde bebte, Felsen spalteten sich und Gräber brachen auf. Viele Tote aus dem Volk Gottes wurden auferweckt und verließen ihre Gräber. Später, als Jesus vom Tod auferweckt worden war, kamen sie in die Heilige Stadt und wurden dort von vielen Leuten gesehen. Als der römische Hauptmann und die Soldaten, die Jesus bewachten, das Erdbeben und alles andere miterlebten, erschraken sie sehr und sagten: »Er war wirklich Gottes Sohn!«

Es waren auch viele Frauen da, die alles aus der Ferne beobachteten. Sie waren Jesus seit der Zeit seines Wirkens in Galiläa gefolgt und hatten für ihn gesorgt; darunter waren Maria aus Magdala, Maria, die Mutter von Jakobus und Josef, sowie die Mutter der beiden Söhne von Zebedäus. Am Abend kam ein reicher Mann aus Arimathäa; er hieß Josef und war gleichfalls ein Jünger von Jesus geworden. Er ging zu Pilatus und bat ihn, den Leichnam von Jesus freizugeben. Da befahl Pilatus, ihn auszuliefern. Josef nahm den Toten, wickelte ihn in ein neues Leinentuch und legte ihn in sein eigenes Grab, das in einen Felsen gehauen und noch unbenutzt war. Dann rollte er einen schweren Stein vor den Grabeingang und ging fort. Maria aus Magdala und die andere Maria blieben dort und setzten sich dem Grab gegenüber nieder.

Am nächsten Tag – es war der Sabbat – kamen die führenden Priester und die Pharisäer miteinander zu Pilatus und sagten: »Herr, uns ist eingefallen, daß dieser Schwindler, als er noch lebte, behauptet hat: ›Nach drei Tagen werde ich vom Tod auferweckt werden.‹
Gib deshalb Anweisung, das Grab bis zum dritten Tag zu bewachen! Sonst könnten seine Jünger kommen, die Leiche stehlen und dann dem Volk erzählen: ›Er ist vom Tod auferweckt worden.‹ Dieser letzte Betrug wäre dann noch schlimmer als alles andere vorher.« »Da habt ihr eine Wache«, sagte Pilatus. »Geht und sichert das Grab, so gut ihr könnt.« Sie gingen also zum Grab und versiegelten den Stein, der den Eingang zur Grabkammer verschloss. Die Wache half ihnen dabei und blieb am Grab zurück.

Matthäus 27, 1-66

Rückkehr ins Leben

DIE FRAUEN AM LEEREN GRAB

Als der Sabbat vorüber und der Sonntag angebrochen war, kamen Maria aus Magdala und die andere Maria, um nach dem Grab zu sehen. Da bebte plötzlich die Erde, denn der Engel des Herrn kam vom Himmel herab, trat an das Grab, rollte den Stein weg und setzte sich darauf. Er leuchtete wie ein Blitz und sein

Gewand war schneeweiß. Als die Wächter ihn sahen, zitterten sie vor Angst und fielen wie tot zu Boden. Der Engel sagte zu den Frauen: »Ihr braucht keine Angst zu haben! Ich weiß, ihr sucht Jesus, der ans Kreuz genagelt wurde. Er ist nicht hier, er ist auferweckt worden, so wie er es angekündigt hat. Kommt her und seht die Stelle, wo er gelegen hat! Und jetzt geht schnell zu seinen Jüngern und sagt ihnen: ›Gott hat ihn vom Tod auferweckt! Er geht euch voraus nach Galiläa, dort werdet ihr ihn sehen.‹ Ihr könnt euch auf mein Wort verlassen.«

Erschrocken und doch voller Freude liefen die Frauen vom Grab weg. Sie gingen schnell zu den Jüngern, um ihnen die Botschaft des Engels zu überbringen. Da stand plötzlich Jesus selbst vor ihnen und sagte: »Seid gegrüßt!« Die Frauen warfen sich vor ihm nieder und umfaßten seine Füße. »Habt keine Angst!«, sagte Jesus zu ihnen. »Geht und sagt meinen Brüdern, sie sollen nach Galiläa gehen. Dort werden sie mich sehen.«

DER BERICHT DER WACHE

Während die Frauen noch auf dem Weg waren, liefen einige von den Wächtern in die Stadt und meldeten den führenden Priestern, was geschehen war. Diese faßten zusammen mit den Ratsältesten einen Beschluss: Sie gaben den Soldaten viel Geld und schärften ihnen ein: »Erzählt allen: ›In der Nacht, während wir

schliefen, sind seine Jünger gekommen und
haben den Toten gestohlen.‹ Wenn der
Statthalter von der Geschichte erfährt, werden
wir mit ihm sprechen. Ihr habt nichts zu
befürchten!« Die Wächter nahmen das Geld und
taten, wie man sie gelehrt hatte. So kam diese
Geschichte auf und wird bei den Juden bis heute
weitererzählt.

Matthäus 28, 1

BEGEGNUNGEN MIT DEN FREUNDEN

Die Evangelien und die Apostelgeschichte lassen den
Eindruck entstehen, daß Yeshua die Hinrichtung überlebt
hat und nach seiner Genesung von den Verletzungen
durch die Folter und die Kreuzigung sich 40 Tage lang mit
seinen Freunden traf und ihnen letzte Anweisungen für
die Zukunft gab, bevor er sich endgültig von ihnen
verabschiedete, um sich vor weiterer Verfolgung in
Sicherheit zu bringen.

Die Evangelien und die Apostelgeschichte zählen 40 Tage
zwischen dem leeren Grab und der Himmelfahrt. Yeshua
war zwischenzeitlich in Leben zurückgekehrt. Nachdem er
am dritten nach der Grablegung den Frauen am leeren
Grab erschienen war, erscheint er seinen Schülern noch
mehrere Male an verschiedenen Orten, als wenn es gar
keinen übernatürlichen Vorgang gegeben hätte-

Am selben Tag gingen zwei, die zu den Jüngern
von Jesus gehört hatten, nach dem Dorf

Emmaus, das zwölf Kilometer von Jerusalem entfernt lag. Unterwegs unterhielten sie sich über alles, was geschehen war. Als sie so miteinander sprachen und alles hin und her überlegten, kam Jesus selbst hinzu und ging mit ihnen. Aber sie erkannten ihn nicht; sie waren wie mit Blindheit geschlagen. Jesus fragte sie: »Worüber redet ihr denn so erregt unterwegs?«

Da blieben sie stehen und blickten ganz traurig drein, und der eine – er hieß Kleopas – sagte: »Du bist wohl der Einzige in Jerusalem, der nicht weiß, was dort in diesen Tagen geschehen ist?«

»Was denn?«, fragte Jesus. »Das mit Jesus von Nazareth«, sagten sie. »Er war ein Prophet; in Worten und Taten hat er vor Gott und dem ganzen Volk seine Macht erwiesen.

Unsere führenden Priester und die anderen Ratsmitglieder haben ihn zum Tod verurteilt und ihn ans Kreuz nageln lassen.

Und wir hatten doch gehofft, er sei der erwartete Retter, der Israel befreien soll!

Aber zu alledem ist heute auch schon der dritte Tag, seitdem dies geschehen ist! Und dann haben uns auch noch einige Frauen, die zu uns gehören, in Schrecken versetzt. Sie waren heute

früh zu seinem Grab gegangen und fanden
seinen Leichnam nicht mehr dort. Sie kamen
zurück und erzählten, sie hätten Engel gesehen,
die hätten ihnen gesagt, daß er lebt. Einige von
uns sind gleich zum Grab gelaufen und haben
alles so gefunden, wie es die Frauen erzählten.
Nur ihn selbst sahen sie nicht.«

Inzwischen waren sie in die Nähe von Emmaus
gekommen. Jesus tat so, als wollte er
weitergehen. Aber sie ließen es nicht zu und
sagten: »Bleib doch bei uns! Es geht schon auf
den Abend zu, gleich wird es dunkel!« Da folgte
er ihrer Einladung und blieb bei ihnen. Als er
dann mit ihnen zu Tisch saß, nahm er das Brot,
sprach das Segensgebet darüber, brach es in
Stücke und gab es ihnen. Da gingen ihnen die
Augen auf und sie erkannten ihn. Und sie
machten sich sofort auf den Rückweg nach
Jerusalem. Als sie dort ankamen, waren die Elf
mit allen Übrigen versammelt und riefen ihnen
zu: »Der Herr ist wirklich auferweckt worden! Er
hat sich Simon gezeigt!« Da erzählten sie ihnen,
was sie selbst unterwegs erlebt hatten und wie
sie den Herrn erkannten, als er das Brot brach
und an sie austeilte.

Während die beiden noch erzählten, stand
plötzlich der Herr selbst mitten unter ihnen. Er
grüßte sie: »Frieden sei mit euch!« Sie
erschraken und fürchteten sich; denn sie
meinten, einen Geist zu sehen. Aber er sagte:

*»Warum seid ihr so erschrocken? Warum
kommen euch solche Gedanken? Schaut mich
doch an, meine Hände, meine Füße, dann
erkennt ihr, daß ich es wirklich bin!*

*Fasst mich an und überzeugt euch; ein Geist hat
doch nicht Fleisch und Knochen wie ich!«
Während er das sagte, zeigte er ihnen seine
Hände und seine Füße. Als sie es in ihrer Freude
und Verwunderung noch immer nicht fassen
konnten, fragte er: »Habt ihr etwas zu essen
hier?« Da gaben sie ihm ein Stück gebratenen
Fisch, und er nahm es und aß es vor ihren Augen.*

Lukas; 24, 13-43

Während vierzig Tagen kam er damals zu ihnen und
sprach mit ihnen darüber, wie Gott seine Herrschaft
aufrichten und sein Werk vollenden werde.

*Als Jesus wieder einmal bei ihnen war und mit
ihnen aß, schärfte er ihnen ein: »Bleibt in
Jerusalem und wartet auf den Geist, den mein
Vater versprochen hat. Ich habe euch sein
Kommen angekündigt, als ich euch sagte:
›Johannes hat mit Wasser getauft, aber ihr
werdet schon bald mit dem Geist Gottes getauft
werden.‹« Die Versammelten fragten Jesus:*

**»Herr, wirst du dann die Herrschaft Gottes
in Israel wieder aufrichten?«**

*Jesus antwortete: »Mein Vater hat festgelegt,
welche Zeiten bis dahin noch verstreichen
müssen und wann es so weit ist. Ihr braucht das
nicht zu wissen.*

*Aber ihr werdet mit dem Heiligen Geist erfüllt
werden, und dieser Geist wird euch die Kraft
geben, überall als meine Zeugen aufzutreten: in
Jerusalem, in ganz Judäa und Samarien und bis
ans äußerste Ende der Erde.*

Lukas, Apostelgeschichte 1, 4-8

Vermächtnis an die Nachfolger

TAUFBEFEHL

Das Christentum stützt sich auf die Auffassung, als hätte
Jesus Christus der Welt den Auftrag gegeben, das zu
gründen, was wir heute Kirche nennen. Dazu dient vor
allem folgende Passage aus dem Evangelium des
Matthäus:

*Die elf Jünger gingen nach Galiläa auf den Berg,
zu dem Jesus sie bestellt hatte. Als sie ihn sahen,
warfen sie sich vor ihm nieder, doch einige
hatten auch Zweifel. Jesus trat auf sie zu und
sagte: »Gott hat mir unbeschränkte Vollmacht
im Himmel und auf der Erde gegeben. Darum
geht nun zu allen Völkern der Welt und macht
die Menschen zu meinen Jüngern und*

Jüngerinnen! Tauft sie im Namen des Vaters und des Sohnes und des Heiligen Geistes, und lehrt sie, alles zu befolgen, was ich euch aufgetragen habe. Und das sollt ihr wissen: Ich bin immer bei euch, jeden Tag, bis zum Ende der Welt.«

Matthäus 28, 1-20

Der Legende nach hat sich Yeshua von Yochanan taufen lassen, selbst aber die Taufe nicht praktiziert. Es ist nicht nachvollziehbar, daß Yeshu plötzlich seinen Mitstreitern das Taufritual des Yochanan nahelegt. Yeshua hatte die Zwölf Apostel mit dem Beistand des Heiligen Geistes ausgewählt, und nach seinem Leiden und Sterben hatte er sich ihnen wiederholt gezeigt und ihnen die Gewißheit gegeben, daß er lebte. Das Abschiedsmahl ist als Eucharistie oder Abendmahl zum Zentrum des christlichen Glaubens geworden: Das war schon in den vier Evangelien vorgegeben. Aus dem oben zitierten Text des Lukas geht aber hervor, daß die Zwölf von Yeshua dazu ausersehen sind, die verlorengegangene Herrschaft über die Zwölf Stämme Israel neu zu errichten. Und läßt nicht das obige Zitat über die Beschaffung von Waffen eine Deutung zu, die der Bedeutung das Abschiedsmahls eine andere Wendung gibt und damit der zweitausendjährigen Tradition widerspricht? Ich wage es hiermit, ein Szenario in den Raum zu stellen, das eine andere Deutung anbahnen könnte:

78

- Die Männer um Yeshua sind viel stärkere Persönlichkeiten, als sie in den uns bekannten Darstellungen erscheinen.

- Sie sollen die Voraussetzungen dafür schaffen, daß das untergegangene Israel neu entstehen kann und damit die Erwartungen erfüllen, die Yeshua von seinen Anhängern zum König der Juden in der Nachfolge Davids gemacht hat.

- Yeshua steht also für die Wiederherstellung des vor 700 Jahren untergegangen Gottesreiches Israel. Als Botschafter der zwölf Stämme hatte er seine zwölf Mitstreiter benannt und sie angewiesen, sich Waffen zu beschaffen. Bei der Gefahr, der sich jeder aussetzte, der sich gegen den reichen Priesteradel wandte und zur Befreiung von der die römischen Besatzung aufrief, war es auch für jemanden, der vermitteln wollte, geboten, sich notfalls mit der Waffe zu verteidigen.

4. Erzählung vom Gottessohn

Wenn die Szene des Einzugs Yeshuas in Jerusalem den historischen Tatsachen entspricht, hatte es eine große Volksmenge gegeben, die den Rabbi Yeshua ben Yoseph umjubelt und verehrt hatte. Sie hatte in ihn als Befreier von der römischen Besatzung und als Messias große Erwartungen gesetzt. Seine Verhaftung, Anklage und Hinrichtung bedeutete das Scheitern seiner Mission und muß in seiner Anhängerschar lähmendes Entsetzen ausgelöst haben. Doch die Angsterstarrung, Verzweiflung und Trauer schlug in eine ekstatische Bewegung und eine umso größere Hoffnung um, als die Nachricht vom leeren Grab und der Auferstehung sich verbreitete.

Ein neuer Glaube an Erlösung verbreitete sich wie eine Welle, die als *Frohe Botschaft (evangelion)* weit ausstrahlte und immer mehr Menschen mit sich riß und miteinander verband: Die Niederlage wurde so zum *Triumph des Glaubens an Jesus Christus.*

Bei der Verbreitung dieses von starken Hoffnungen getragenen *Neuen Glaubens* über Jerusalem und Judäa hinaus in östlicher Richtung bis nach Armenien und in südlicher Richtung über Ägypten hinaus und an Orte mit jüdischen Siedlungen im Mittelmeerraum, bei seiner Übertragung in andere Kulturräume und bei der Übersetzung aus dem Aramäischen ins Griechische kam es zu nicht rekonstruierbaren Veränderungen.

Der Zusammenhang mit der ursprünglichen Lehre und Botschaft des Jesus von Nazareth ging mehr und mehr verloren. An den Orten seines Auftretens in Galiläa ist längst jede konkrete Spur verweht, es gibt keine schriftlichen und bildlichen Relikte mehr. Im Verlauf weniger Jahre entstanden jüdisch-christliche Gemeinschaften, die verschiedene Rituale ausbildeten, in denen der verklärte Jesus Christus eine Verbindung mit älteren mythischen und religiösen Überlieferungen einging. Es entstanden Legenden über seine Wundertaten und seine übernatürliche Geburt. Jetzt stand nicht mehr das *Leben und Wirken des Menschen Yeshua ben Yoseph aus Nazareth* im Mittelpunkt. *Der Tod und die Auferstehung des Gottessohnes Jesus Christus, der Glaube an Erlösung von Sünde und Tod* ist die neue Botschaft. Sie wird von dem Apostel Paulus mit großer Überzeugungsintensität als neuer Glaube formuliert.

Die Auferstehung aus dem Grab wird durch den Evangelisten Lukas 30 Jahre später in seiner Apostelgeschichte nochmal überhöht, indem er das Wunder beschreibt, wie der Auferstandene durch die Wirkung des Heiligen Geistes vor den Augen seiner Anhänger in den Himmel aufsteigt.

Im Evangelium des Johannes wurde Jahrzehnte später schon mit den ersten Worten der Eröffnungspassage aus dem Menschen Yeshua, dessen Wirken er ja durchaus darstellt, mit dem *Logos* das übernatürliche Wesen Jesus Christus, das vom Beginn der Schöpfung an existiert hat und das durch Gott als Vater mit der Vermittlung des Heiligen Geistes auf die Erde gesandt wurde, um als *Sein Sohn* die Menschen zu erlösen.

Mit dieser Überhöhung des Menschen Yeshua zu einem gottähnlichen Wesen verlor auch seine Botschaft, die den nächsten und fremden Menschen als seinesgleichen und gleichrangig auffaßte, an Wirkung und Bedeutung. In den Gemeinden bildete sich eine Trennung von Laien und Priestern heraus, und damit etablierte sich eine theologische Autorität, die allein über die Schriften und ihre Auslegung verfügte.

5. Erzählung vom Menschensohn

Menschensohn ist ein Ausdruck aus der hebräischen Bibel: *ben adam* bedeutet *Sohn des Menschen*. Das Aramäische bar ænas, *bar enesha* oder *bar nasha* bezeichnet einen Angehörigen der Gattung Mensch im Sinne von *jemand* oder *einer*, bar steht für Sohn.

Der Achte Psalm richtet die schlichte Frage an Gott:

> ### *Was ist der Mensch, daß du seiner gedenkst,*
> ### *und des Menschen Kind,*
> ### *daß du dich seiner annimmst?*

Psalm 8, 5

Von daher wird in einigen neueren Ausgaben des Neuen Testaments der Ausdruck *Menschensohn* durch *Menschenkind* ersetzt. In keinem der Evangelien nennt sich Yeshua selbst *König*, *Gottessohn* oder *Messias*. Er spricht viele Male von dem *Menschensohn*, aber immer in der dritten Person. Man könnte das so verstehen, als spräche Yeshua immer auch von allen anderen Menschen, wenn er von sich spricht, und als wolle er sich nicht vor anderen hervorheben. Der Ausdruck kommt in den Evangelien in der Wiedergabe von Aussprüchen des Yeshua 82mal vor. In den Evangelien von Matthäus und Lukas sagt Yeshua:

Denn Johannes der Täufer ist gekommen und aß
nicht Brot und trank keinen Wein; so sagt ihr: Er
hat den Teufel. Des Menschen Sohn ist
gekommen, ißt und trinkt; so sagt ihr:
Siehe, der Mensch ist ein Fresser und
Weinsäufer, der Zöllner und Sünder Freund!

Lukas 7, 33-34; Matthäus 11, 19

Im Markus-Evangelium geht es dann wieder um bei
weitem mehr:

Ihr sollt aber erkennen, daß der Menschensohn
die Vollmacht hat, hier auf der Erde Sünden zu
vergeben.

Markus 2, 10

Im Tanach wird der Titel *Menschensohn* oft auf die
Propheten bezogen, die Gottes Gericht über die Sünden
der Menschen vorhersagen. Im Buch Daniel wird von dem
künftigen göttlichen Gericht gegen die Weltreiche in
Form einer Vision berichtet:

Ich schaute, da wurden Throne aufgerichtet und
ein Hochbetagter [Gott] setzte sich nieder ... Das
Gericht setzte sich nieder und Bücher wurden
aufgetan... Ich schaute in den Nachtgesichten,
und siehe, mit den Wolken des Himmels kam
einer, der einem Menschensohn glich, und
gelangte bis zu dem Hochbetagten, und er wurde
vor ihn geführt. Ihm wurde Macht verliehen und
Ehre und Reich, daß die Völker aller Nationen

84

und Zungen ihm dienten. Seine Macht ist eine
ewige Macht, die niemals vergeht, und nimmer
wird sein Reich zerstört.

Daniel 7, 9 -14

Mit dem Volkshelden Judas Makkabäus, der im Jahre 164
den Tempel von den Seleukiden zurückeroberte, lebte im
jüdischen Volk die Erwartung auf einen weiteren Befreier
von der Fremdherrschaft und der endgültigen Errichtung
eines Friedensreiches. Matthäus stellt eine Verbindung
zwischen dem Propheten Elias, der den Messias
angekündigt hat, und Johannes dem Täufer her. Dessen
Ermordung und Yeshuas Hinrichtung werden in die Reihe
der Prophetenmorde gestellt. Yeshua wird von vielen
seiner Anhänger als wiedergekehrter Elias und damit als
Wegbereiter oder zukünftiger Messias gesehen. Yeshua
selbst begegnet diesen Übererwartungen an ihn eher
ausweichend *(Mt 8, 20 und Lk 9, 58)*:

Die Füchse haben Gruben
und die Vögel des Himmels Nester,
der Menschensohn dagegen hat nichts,
wo er sein Haupt hinlegen kann.

II

LEHRE DES RABBI YESHUA

Vorbemerkung

Yeshua ben Yoseph aus Nazareth war wohl ein jüdischer Rabbi oder Lehrer, dessen Name später zu Jesus Christus wurde. Nachdem er von Yochanan ben Zacharias (dem Täufer Johannes) getauft worden war, blieben ihm nur wenige Jahre in Galiläa bis zu seinem Ende in Jerusalem. Die später entstandenen Berichte ermöglichen keine eindeutige Klarheit über die Zielsetzung seines Vorhabens. Ging es ihm um eine geistige Umorientierung der jüdischen Gesellschaft oder um die Erneuerung des jüdischen Staates durch die Befreiung von der römischen Besatzung? Wie ist es zu erklären, daß Petrus mit einem Schwert bewaffnet war und bei der Gefangennahme Yeshuas einen Soldaten der Tempelwache verletzte – was ohne Folgen für ihn blieb? Und wie ist die absolut mysteriöse Rolle zu verstehen, die Judas als einer der engsten Vertrauten spielte? Könnte es nicht so gewesen sein, daß er mit einer Widerstandsgruppe verbunden war, die sich Hoffnungen machte, mit einem wortgewaltigen Anführer einen Durchbruch gegen die römische Übermacht zu erzielen?

Was ist Yeshuas Position in dieser Konfliktlage? Ob er die Rettung aus der Unterdrückung und die Befreiung von der römischen Besatzung erreichen wollte, wieweit er aktiven Widerstand befürwortete, oder ob er zwischen den Fronten vermitteln wollte – wir können es nicht wissen.

Unbeantwortbar bleibt die Frage, was ihn und seine Gruppe bewogen hat, die Konfrontation mit den Machthabern in Jerusalem zu suchen. Glaubte er, allein durch die Kraft seiner Worte eine größere Anzahl von Stadtbewohnern für sich zu gewinnen, deren Mentalität er doch gar nicht kannte? Dann wäre er von seinem bisherigen Erfolg verblendet gewesen. Dem widersprechen aber sämtliche Äußerungen, die wir von ihm kennen.

Jesus soll laut Evangelium gesagt haben ‚*Mein Reich ist nicht von dieser Welt*'. Authentisch ist aber wohl die Formulierung: ‚*Mein Reich begründet sich von Gott*'. Das *Reich Gottes* kann also im Gegensatz zu allen theologischen Interpretationen durchaus als ein *Reich von dieser Welt* verstanden werden. Und ist das nicht sogar naheliegend, wenn man alles zusammennimmt, was Jesus in seinen Reden und Gleichnissen zu vermitteln versucht hat? *Gerechtigkeit und Frieden auf Erden* sind für die meisten Menschen die wahre Botschaft Yeshuas. Sie hat bis heute ihre Ausstrahlung bewahrt und das Handeln vieler Menschen inspiriert!

Yeshua hatte ab dem Jahre 28 als herumwandernder Rabbiner im ländlichen Galiläa wachsenden Zuspruch bei einer immer größeren Anhängerschar gewonnen. Er beeindruckte durch seine schlichte Art, seine charismatische Redegabe und seine jedem verständliche und dem Alltagsleben zugewandte Ausdrucksweise. Seine Gleichnisse leuchteten jedem ein – oder provozierten. Mit Sanftmut und Barmherzigkeit wandte er sich Ausgestoßenen, Fremden, Armen, Schwachen, Leidenden, Kranken und Bedürftigen zu, war freundlich zu Kindern und schützte Frauen vor männlicher Überheblichkeit. Er mutete seinen Anhängern zu, auf

Besitz zu verzichten und in die Liebe zum Nächsten auch die Feinde einzuschließen. Er sah sich selbst als der Menschensohn, als Bruder seiner Mitmenschen, mit denen er auf einen gemeinsamen Vater vertraute.

Seine Botschaft ist sehr klar: Er ruft seine Mitmenschen auf, sich um die Bedürftigen zu kümmern. Er läßt die Hoffnung entstehen, daß in einer Umkehrung der gesellschaftlichen Verhältnisse, die jetzt zu kurz Gekommenen Recht und Würde gewinnen werden.

Mit seiner *Bergpredigt,* seinen *Erzählungen* und *Gleichnissen* warb er um verzeihende Güte und gütige Nachsicht. Es ging ihm um Gerechtigkeit, die weder rechnet noch berechnet, um durch nichts eingeschränkte Fürsorge und um eine die nationalen Grenzen überschreitende Hilfsbereitschaft.

Er hat eine schmale Sammlung von eindringlichen Erzählungen, Gleichnissen und Aussprüchen hinterlassen, die für authentisch gelten können, auch wenn die mündliche Überlieferung und die Übertragung in andere Sprachen zu einigen Mißverständnissen geführt haben. Irritiert hat von jeher, daß er eine Art Überanpassung gelehrt zu haben scheint, wenn er rät, Schläge einzustecken, jemandem im vorauseilenden Gehorsam Gefolgschaft zu leisten und ohne zu zögern, jemandem seinen Besitz zu überlassen... Aber diese lebensfremd wirkenden – und ja auch nie befolgten – Ratschläge sollten vielleicht *gegen den Strich gelesen* und ganz anders verstanden werden: Da die Evangelisten die Orte und die gesellschaftlichen Zustände in Galiläa und Judäa und der Tempelhauptstadt Jerusalem nicht kannten, und die in aramäischer Sprache im Umlauf befindlichen Berichte über Yeshua ben Yoseph auf Griechisch niederschrieben, sind wohl die wirklichen Absichten Yeshuas von ihnen nicht erfaßt worden. Bei der Übertragung in eine ganz andere gesellschaftliche Umgebung stand ihnen die konkrete politische Situation nicht vor Augen. Möglicherweise ging es um taktisch kluge Ratschläge angesichts eines überlegenen oder stärkeren Gegners, wie sie später als Guerillataktik formuliert wurden: *Weicht den Schlägen des Gegners aus, um ihn ins Leere laufen zu lassen, zeigt euch anpassungsbereit, um sie zu täuschen und selber handlungsfähig zu bleiben.*

RABBI YESHUAS SPRÜCHE, REDEN UND GLEICHNISSE

Von Yeshua fasziniert waren zu seinen Lebzeiten wohl viele Menschen seiner näheren und weiteren Umgebung. Seine lebensnahe und bilderreiche Sprache und ihr lyrischer Tonfall ließen seine durch die Evangelisten überlieferten Worte auch der Nachwelt bis in unsre Zeit als etwas nur ihm Gehöriges und Außergewöhnliches erscheinen. Man glaubt, seine Stimme im Originalton zu hören und hat den Eindruck von Authentizität. Aber wie können wir wissen, ob seine Gedanken wirklich in seinem Sinne wiedergeben wurden; und müssen wir nicht zugeben, daß wir nur über Bruchstücke seines Denkens verfügen?

Ich stelle eine Auswahl seiner Sprüche, Reden und Gleichnisse in einer übersichtlichen Auswahl zusammen, gliedere sie durch Überschriften und füge kritische Anmerkungen hinzu.

Vierfacher Schriftsinn

Die in der christlichen Dogmatik begründete
Textinterpretation erfolgte in vier Auslegungsschritten:

- *Literalsinn* **„im Buchstaben"**
  = wortwörtlich-realistische Auslegung
- *Typologischer Sinn* **„im Glauben"**
  = dogmatisch-theologische Auslegung
- *Tropologischer Sinn* **„in Liebe (Caritas)"**
  = moralische Sinnebene
- *Anagogischer Sinn* **„in Hoffnung"**
  = endzeitlich-eschatologische Auslegung

Littera gesta docet	Der Buchstabe lehrt die Ereignisse
quid credas, allegoria	was du zu glauben hast, die Allegorie
moralis, quid agas	die Moral, was du zu tun hast,
quo tendas, anagogia	wohin du streben sollst

Da die Interpretationstradition der Gleichnisse von der paulinischen Konzeption des Jesus Christus als Erlöser im Sinne von *Glaube, Liebe, Hoffnung* und nicht von der authentischen des Rabbi Yeshua bestimmt war, wird der wortwörtliche erste Schritt übersprungen: der sozialhistorische Hintergrund spielt keine Rolle, wenn es um den Glauben geht. Aber auch Unstimmigkeiten innerhalb und zwischen den Texten wurden übersehen oder im Sine des Glaubens stimmig gemacht. So konnte es dazu kommen, daß Anklagen gegen die Machtverhältnisse in einer Gesellschaft unter römischer Besatzung nicht nur nicht im ursprünglichen Wortsinn gelesen wurden, sondern mit ihrem Einleitungssatz sogar zu Gleichnissen für das Himmelreich oder das Reich Gottes erklärt wurden und werden. Ich stelle diese Gruppe unter dem Titel *Un-Gleichnisse* zusammen.

SELIGPREISUNGEN

Selig sind, die da arm an Geist sind;
denn ihrer ist das Himmelreich.

Selig sind, die da Leid tragen;
denn sie sollen getröstet werden.

Selig sind die Sanftmütigen;
denn sie werden das Erdreich besitzen.

Selig sind, die da hungert
und dürstet nach der Gerechtigkeit;
denn sie sollen satt werden.

Selig sind die Barmherzigen;
denn sie werden Barmherzigkeit erlangen.

Selig sind, die reinen Herzens sind;
denn sie werden Gott schauen.

Selig sind, die Frieden stiften;
denn sie werden Gottes Kinder heißen.

Selig sind, die um der Gerechtigkeit willen
verfolgt werden; denn ihrer ist das Himmelreich.

Selig seid ihr, wenn euch die Menschen
um meinetwillen schmähen und verfolgen
und allerlei Böses gegen euch reden
und dabei lügen.

Seid fröhlich und jubelt;
es wird euch im Himmel reichlich belohnt werden.

Denn ebenso haben sie verfolgt die Propheten,
die vor euch gewesen sind.

Matthäus 5, 3-10

SALZ, LICHT, VÖGEL, LILIEN

Den Seligpreisungen folgt Yeshuas Aufforderung an seine
Schüler, in seinem Sinne unter den Menschen zu wirken:

Ihr seid das Salz der Erde.
Ihr seid das Licht der Welt.

Seht euch die Vögel des Himmels an.
Sie säen nicht, sie ernten nicht
und sammeln keine Vorräte in Scheunen.
Euer himmlischer Vater ernährt sie doch.
Seid ihr nicht viel mehr als sie?

Warum sorgt ihr euch um Kleidung?
Schaut die Lilien auf dem Feld, wie sie wachsen;
sie mühen sich nicht, auch spinnen sie nicht.

Ich sage euch aber,
daß Salomo in all seiner Herrlichkeit
nicht gekleidet ist wie eine von ihnen.

Trachtet vielmehr zuerst nach dem Reich Gottes
und nach seiner Gerechtigkeit,
so wird euch alles zukommen.

Darum sollt ihr euch nicht sorgen
um den morgigen Tag;
denn der morgige Tag wird für das Seine sorgen.

Jedem Tag genügt seine eigene Plage.

Matthäus 6,28-34

WEG, WAHRHEIT, LEBEN

Im Evangelium des Johannes stellt sich Yeshua so vor:

Ich bin der Weg und die Wahrheit und das Leben;
niemand kommt zum Vater denn durch mich.

Ich bin das Licht der Welt.
Wer mir nachfolgt,
der wird nicht wandeln in der Finsternis,
sondern wird das Licht des Lebens haben.

Ich bin die Auferstehung und das Leben.
Wer an mich glaubt, der wird leben,
ob er gleich stürbe.

Ich bin der gute Hirte.
Der gute Hirte läßt sein Leben für die Schafe.

Ich bin die Tür;
wenn jemand durch mich hineingeht,
wird er selig werden
und wird ein und aus gehen und Weide finden.

Ich bin das Brot des Lebens.
Wer zu mir kommt, den wird nicht hungern;
und wer an mich glaubt,
den wird nimmermehr dürsten.

Ich bin der Weinstock, ihr seid die Reben.

Wer in mir bleibt und ich in ihm,
der bringt viel Frucht;
denn ohne mich könnt ihr nichts tun.

Johannes 6,35; 8,12; 10,9; 10,11; 11,25; 14,6; 15,5

FÜR DIE MÜHSELIGEN UND BELADENEN

Yeshua bietet den Bedürftigen und Außenseitern
seine liebevolle Fürsorge:

Kommt her zu mir, alle,
die ihr mühselig und beladen seid;
ich will euch erquicken.

Nehmt auf euch mein Joch und lernt von mir;
denn ich bin sanftmütig und von Herzen demütig;
so werdet ihr Ruhe finden für eure Seelen.

Denn mein Joch ist sanft, und meine Last ist leicht.

Matthäus 11, 28-30

Für das berühmte *Liebe deinen nächsten wie dich*
selbst wähle ich eine Übersetzung, die aus jüdischer
Sicht den aramäischen Urtext genauer wiedergibt:

Wende dich dem anderen zu,
denn er ist wie du.

Markus 12, 29

Der extremste und umstrittenste aller Sätze Yeshuas
lautet:

Verzichtet auf Gegenwehr,
wenn euch jemand Böses tut!

Oder im Zusammenhang:

»Ihr wißt, daß es heißt:
›Auge um Auge, Zahn um Zahn.‹

Ich aber sage euch: Mehr noch:
Wenn dich jemand auf die rechte Backe schlägt,
dann halte auch die linke hin.

Wenn jemand mit dir um dein Hemd
prozessieren will, dann gib ihm den Mantel dazu.

Und wenn jemand dich zwingt,
eine Meile mit ihm zu gehen,
dann geh mit ihm zwei.

Wenn jemand dich um etwas bittet,
gib es ihm; wenn jemand etwas von dir
borgen möchte, sag nicht Nein.«

Matthäus 5, 39

Mahatma Gandhi hat im Briefwechsel mit Lew Tolstoi, der sein Denken auf diese Forderungen Yeshuas gegründet hatte, in diesem Geist die Idee des gewaltlosen Widerstandes entwickelt.

Weder In Russland und im Umfeld der weiteren orthodoxen Kirchen noch in der katholischen und den weiteren Kirchen des Westens werden diese Forderungen Yeshuas für praxistauglich gehalten.

Tolstoi wurde wegen seiner Auffassungen exkommuniziert, und seine kirchenkritischen Schriftenwird erst in letzter Zeit neu aufgelegt und diskutiert.

GLEICHNIS MIT ERKLÄRUNG

Vom vierfachen Ackerfeld

1. *Siehe, der Sämann ging hinaus zu säen;*
   und indem er säte, fiel einiges an den Weg
   und die Vögel kamen und fraßen es auf.
2. *Anderes aber fiel auf das Steinige*
   wo es nicht viel Erde hatte;
   und sogleich ging es auf,
   weil es nicht tiefe Erde hatte
   Als aber die Sonne aufging, wurde es verbrannt,
   und weil es keine Wurzel hatte, verdorrte es.
3. *Anderes aber fiel unter die Dornen;*
   und die Dornen sprossen auf und erstickten es.
4. *Anderes aber fiel auf die gute Erde*
   und gab Frucht: das eine hundert-,
   das andere sechzig-, das andere dreißigfach.

Interpretation des Gleichnisses durch Yeshua selbst:

1. *Sooft jemand das Wort vom Reich hört und nicht*
   versteht, kommt der Böse und reißt weg, was in
   sein Herz gesät war; dieser ist es, bei dem an den
   Weg gesät ist.
2. *Bei dem aber auf das Steinige gesät ist, dieser ist*
   es, der das Wort hört und es sogleich mit
   Freuden aufnimmt; er hat aber keine Wurzel in
   sich, sondern ist nur ein Mensch des Augenblicks;
   und wenn Bedrängnis entsteht oder Verfolgung
   um des Wortes willen, nimmt er sogleich Anstoß.

3. Bei dem aber unter die Dornen gesät ist,
   dieser ist es, der das Wort hört,
   und die Sorge der Zeit und der Betrug
   des Reichtums ersticken das Wort,
   und er bringt keine Frucht.
4. Bei dem aber auf die gute Erde gesät ist,
   dieser ist es, der das Wort hört und versteht,
   der wirklich Frucht bringt;
   und der eine trägt hundert-, der andere sechzig-,
   der andere dreißigfach.

Matthäus 13, 3-8; Markus 4,3-8; Lukas 8, 5-8

GLEICHNISSE VOM HIMMELREICH

Vom Licht und Scheffel

Ihr seid das Licht der Welt; eine Stadt, die oben
auf einem Berg liegt, kann nicht verborgen sein.
Man zündet auch nicht eine Lampe an und setzt
sie unter den Scheffel, sondern auf das
Lampengestell, und sie leuchtet allen, die im
Hause sind.

Matthäus 5, 14-15

Kommt etwa die Lampe, damit sie unter den
Scheffel oder unter das Bett gestellt wird? Nicht
damit sie auf das Lampengestell gestellt wird?

*Denn es ist nichts Verborgenes, das nicht
offenbar gemacht werden soll, auch ist nichts
Geheimes, das nicht ans Licht kommen soll.*

Markus 4, 21-22

*Niemand aber, der eine Lampe angezündet hat,
bedeckt sie mit einem Gefäß oder stellt sie unter
ein Bett, sondern er stellt sie auf ein
Lampengestell, damit die Hereinkommenden das
Licht sehen. Denn es ist nichts verborgen, was
nicht offenbar werden wird, auch ist nichts
geheim, was nicht bekannt wird und ans Licht
kommt. Seht nun zu, wie ihr hört! Denn wer hat,
dem wird gegeben werden, und wer nicht hat,
von dem wird selbst, was er zu haben meint,
genommen werden.*

Lukas 8, 16-18

Vom neuen Flicken auf altem Kleid

*Niemand aber setzt einen Flicken von neuem
Tuch auf ein altes Gewand; denn das Eingesetzte
reißt von dem Gewand ab, und der Riss wird
schlimmer.*

Matthäus 9, 16

*Niemand näht einen Flicken von neuem Tuch auf
ein altes Gewand; sonst reißt das Eingesetzte von
ihm ab, das Neue vom Alten, und ein
schlimmerer Riss entsteht.*

Markus 2, 21

Niemand schneidet einen Flicken von einem
neuen Gewand und setzt ihn auf ein altes
Gewand; sonst wird er sowohl das neue
zerschneiden, wie auch der Flicken von dem
neuen zum alten nicht passen wird.

Lukas 5, 36

Vom neuen Wein in alten Schläuchen

Auch füllt man nicht neuen Wein in alte
Schläuche; sonst zerreißen die Schläuche, und
der Wein wird verschüttet, und die Schläuche
verderben; sondern man füllt neuen Wein in
neue Schläuche, und beide bleiben zusammen
erhalten.

Matthäus 9,17

Auch füllt niemand neuen Wein in alte
Schläuche; sonst wird der Wein die Schläuche
zerreißen, und der Wein und die Schläuche
verderben; sondern neuen Wein füllt man in
neue Schläuche.

Markus 2, 22

Und niemand füllt neuen Wein in alte Schläuche;
sonst wird der neue Wein die Schläuche
zerreißen, und er selbst wird verschüttet werden,
und die Schläuche werden verderben; sondern
neuen Wein füllt man in neue Schläuche.

Lukas 5, 37-38

Vom Schatz im Acker

Das Reich der Himmel gleicht *einem im Acker verborgenen Schatz, den ein Mensch fand und verbarg; und vor Freude darüber geht er hin und verkauft alles, was er hat, und kauft jenen Acker.*

Matthäus 13, 44

Von der kostbaren Perle

Wiederum gleicht das Reich der Himmel *einem Kaufmann, der schöne Perlen suchte; als er aber eine sehr kostbare Perle gefunden hatte, ging er hin und verkaufte alles, was er hatte, und kaufte sie.*

Matthäus 13, 45-46

Vom verlorenen Groschen

Oder welche Frau, die zehn Drachmen hat, zündet nicht, wenn sie eine Drachme verliert, eine Lampe an und kehrt das Haus und sucht sorgfältig, bis sie sie findet? Und wenn sie sie gefunden hat, ruft sie die Freundinnen und Nachbarinnen zusammen und spricht: Freut euch mit mir! Denn ich habe die Drachme gefunden, die ich verloren hatte. So, sage ich euch, ist Freude vor den Engeln Gottes über einen Sünder, der Buße tut.

Lukas 15, 8-10

Vom Sauerteig

Ein anderes Mal redete er zu ihnen: **Das Reich der Himmel gleicht** *einem Sauerteig, den eine Frau nahm und unter drei Maß Mehl mengte, bis es ganz durchsäuert war.*

Matthäus 13, 33

Und wieder sprach er: Wem soll ich das Reich Gottes vergleichen? Es gleicht einem Sauerteig, den eine Frau nahm und unter drei Maß Mehl mengte, bis es ganz durchsäuert war.

Lukas 13, 20-21

Vom verlorenen Schaf

Was meint ihr? Wenn ein Mensch hundert Schafe hätte und eins von ihnen sich verirrte, lässt er nicht die neunundneunzig auf den Bergen und geht hin und sucht das irrende? Und wenn es geschieht, daß er es findet, wahrlich, ich sage euch, er freut sich mehr über dieses als über die neunundneunzig, die nicht verirrt sind.

Matthäus 18, 12-13

Welcher Mensch unter euch, der hundert Schafe hat und eins von ihnen verloren hat, lässt nicht die neunundneunzig in der Wüste und geht dem verlorenen nach, bis er es findet? Und wenn er es

gefunden hat, so legt er es mit Freuden auf seine
Schultern; und wenn er nach Hause kommt,
ruft er die Freunde und die Nachbarn zusammen
und spricht zu ihnen: Freut euch mit mir! Denn
ich habe mein Schaf gefunden, das verloren war.

Lukas 15, 4-6

Vom Fischernetz

Wiederum gleicht das Reich der Himmel einem
Netz, das ins Meer geworfen wurde und Fische
von jeder Art zusammenbrachte, daß sie dann,
als es voll war, ans Ufer heraufzogen; und sie
setzten sich nieder und lasen die guten in Gefäße
zusammen, aber die faulen warfen sie hinaus.

Matthäus13, 47-48

Vom Wachsen der Saat

Mit dem Reich Gottes ist es so, wie wenn ein
Mensch den Samen auf das Land wirft und
schläft und aufsteht, Nacht und Tag, und der
Same sprießt hervor und wächst, er weiß selbst
nicht wie. Die Erde bringt von selbst Frucht
hervor, zuerst Gras, dann eine Ähre, dann vollen
Weizen in der Ähre. Wenn aber die Frucht es
zulässt, so schickt er sogleich die Sichel, denn die
Ernte ist da.

Markus 4, 26-29

Vom Unkraut unter dem Weizen

Mit dem Reich der Himmel ist es wie mit einem Menschen, der guten Samen auf seinen Acker säte. Während aber die Menschen schliefen, kam sein Feind und säte Unkraut mitten unter den Weizen und ging weg. Als aber die Saat aufsproßte und Frucht brachte, da erschien auch das Unkraut. Es kamen aber die Knechte des Hausherrn hinzu und sprachen zu ihm: Herr, hast du nicht guten Samen auf deinen Acker gesät? Woher hat er denn Unkraut? Er aber sprach zu ihnen: Ein feindseliger Mensch hat dies getan. Die Knechte aber sagen zu ihm: Willst du denn, daß wir hingehen und es zusammenlesen? Er aber spricht: Nein, damit ihr nicht etwa beim Zusammenlesen des Unkrauts gleichzeitig mit ihm den Weizen ausreißt. Laßt beides zusammen wachsen bis zur Ernte, und zur Zeit der Ernte werde ich den Schnittern sagen: Lest zuerst das Unkraut zusammen, und bindet es in Bündel, um es zu verbrennen; den Weizen aber sammelt in meine Scheune!

Matthäus 13, 24-30

Vom Feigenbaum der keine Frucht bringt

Es hatte jemand einen Feigenbaum, der in seinem Weinberg gepflanzt war; und er kam und suchte Frucht an ihm und fand keine. Er sprach aber zu dem Weingärtner: Siehe, drei Jahre komme ich und suche Frucht an diesem Feigenbaum und finde keine. Hau ihn ab! Wozu macht er auch das Land unbrauchbar? Er aber antwortet und sagt zu ihm: Herr, laß ihn noch dieses Jahr, bis ich um ihn graben und Dünger legen werde! Und wenn er künftig Frucht bringen wird, gut, wenn aber nicht, so magst du ihn abhauen.

Lukas 13, 6-9

Vom Feigenbaum vor dem Sommer

*Von dem Feigenbaum aber lernt das:
Wenn sein Zweig schon weich geworden ist und die Blätter hervortreibt, so erkennt ihr, daß der Sommer nahe ist. So sollt auch ihr, wenn ihr dies alles seht, erkennen, daß es nahe an der Tür ist.*

Matthäus 24, 32-33

*Von dem Feigenbaum aber lernt das:
Wenn sein Zweig schon weich geworden ist und die Blätter hervortreibt, erkennt ihr, daß der Sommer nahe ist.*

So sollt auch ihr, wenn ihr dies geschehen seht,
erkennen, daß es nahe vor der Tür ist.

Markus 13, 28-29

Seht den Feigenbaum und alle Bäume!
Wenn sie schon ausschlagen, so erkennt ihr von
selbst, da ihr es seht, daß der Sommer schon
nahe ist. So erkennt auch ihr, wenn ihr es
geschehen seht, daß das Reich Gottes nahe ist.
Wahrlich, ich sage euch, daß dieses Geschlecht
nicht vergehen wird, bis alles geschehen ist.

Lukas 21, 29-32

Völlige widersinnig in sich und konträr zu den vorangehenden *Gleichnissen vom Feigenbaum* ist das folgende:

Jesus verflucht den Feigenbaum

Des Morgens früh aber, als er in die Stadt
zurückkehrte, hungerte ihn. Und als er einen
Feigenbaum an dem Weg sah, ging er auf ihn zu
und fand nichts an ihm als nur Blätter. Und er
spricht zu ihm: Nie mehr komme Frucht von dir in
Ewigkeit! Und sogleich verdorrte der
Feigenbaum. Und als die Jünger es sahen,
verwunderten sie sich und sprachen: Wie ist der
Feigenbaum sogleich verdorrt?

Jesus aber antwortete und sprach zu ihnen: Wahrlich, ich sage euch: Wenn ihr Glauben habt und nicht zweifelt, so werdet ihr nicht allein das mit dem Feigenbaum Geschehene tun, sondern wenn ihr auch zu diesem Berg sagen werdet: Hebe dich empor und wirf dich ins Meer! so wird es geschehen. Und alles, was immer ihr im Gebet glaubend begehrt, werdet ihr empfangen.

Matthäus 21, 18-22

Und als sie am folgenden Tag von Betanien weggegangen waren, hungerte ihn. Und er sah von weitem einen Feigenbaum, der Blätter hatte, und er ging hin, ob er wohl etwas an ihm fände, und als er zu ihm kam, fand er nichts als Blätter, denn es war nicht die Zeit der Feigen. Und er begann und sprach zu ihm: Nie mehr in Ewigkeit soll jemand Frucht von dir essen! Und seine Jünger hörten es. Und als sie frühmorgens vorbeigingen, sahen sie den Feigenbaum verdorrt von den Wurzeln an. Und Petrus erinnerte sich und spricht zu ihm: Rabbi, siehe, der Feigenbaum, den du verflucht hast, ist verdorrt.

Und Jesus antwortete und spricht zu ihnen: Habt Glauben an Gott! Wahrlich, ich sage euch: Wer zu diesem Berg sagen wird: Hebe dich empor und wirf dich ins Meer! und nicht zweifeln wird in seinem Herzen,

sondern glauben, daß geschieht, was er sagt, dem wird es werden.

Markus11, 12-14. 20-23

Hier ist wieder die Frage; wieweit sich Überlieferungen von Äußerungen des Yochanan (dem Täufer) und denen Yeshuas vermischen.

Folgende Beispiele verraten botanische Unkenntnisse der Evangelisten:

Vom Senfkorn

Wie sollen wir das Reich Gottes vergleichen? Oder in welchem sollen wir es darstellen? Wie ein Senfkorn, das, wenn es auf die Erde gesät wird, kleiner ist als alle Arten von Samen, die auf der Erde sind; und wenn es gesät ist, geht es auf und wird größer als alle Kräuter, und es treibt große Zweige, so daß unter seinem Schatten die Vögel des Himmels nisten können.

Markus 4, 30-32

Das Reich der Himmel gleicht einem Senfkorn, das ein Mensch nahm und auf seinen Acker säte; es ist zwar kleiner als alle Arten von Samen, wenn es aber gewachsen ist, so ist es größer als die Kräuter und wird ein Baum, so daß die Vögel des Himmels kommen und in seinen Zweigen nisten.

Matthäus 13, 31-32

113

Er sprach aber: Wem ist das Reich Gottes gleich,
und wem soll ich es vergleichen? Es gleicht einem
Senfkorn, das ein Mensch nahm und in seinen
Garten warf; und es wuchs und wurde zu einem
Baum, und die Vögel des Himmels nisteten in
seinen Zweigen.

Lukas 13, 18-19

Das ist sehr poetisch - aber Yeshua muß eine ganz andere Pflanze vor Augen gehabt haben als den Senf: Weder ist dessen Samenkorn besonders klein, und die Pflanze wird nur 1½ m hoch. Ich habe hier alle drei Versionen zitiert, weil dieses Gleichnis in besonderer Weise zeigt, wie leicht einem Autor Fehler unterlaufen, wenn er sich nicht auskennt in der Kultur, von der sein Text handelt. Doch bis heute wird das botanisch Unsinnige in realitätsfremder Wortgläubigkeit weiterverbreitet!

Völlig sinnlos ist diese Aussage:

Wahrlich, wahrlich, ich sage euch:
Wenn das Weizenkorn nicht in die Erde fällt
und erstirbt, bleibt es allein; wenn es aber
erstirbt, bringt es viel Frucht.

Johannes 20, 24

114

Der kranke Baum und seine Früchte

Wenn ihr einen gesunden Baum habt, habt ihr gute Früchte von ihm zu erwarten. Wenn ihr einen kranken Baum habt, habt ihr schlechte Früchte von ihm zu erwarten. An den Früchten ist zu erkennen, was der Baum wert ist.

Ihr Schlangenbrut! Wie könnt ihr Gutes reden, wo ihr doch böse seid!

Denn wovon das Herz voll ist, davon redet der Mund. Ein guter Mensch bringt Gutes hervor, weil er im Innersten gut ist. Ein schlechter Mensch kann nur Böses hervorbringen, weil er von Grund auf böse ist. Aber das sage ich euch:

Am Tag des Gerichts werden die Menschen sich verantworten müssen für jedes unnütze Wort, das sie gesprochen haben. Aufgrund deiner eigenen Worte wirst du dann freigesprochen oder verurteilt werden.

Matthäus 12, 33-36

Ein gesunder Baum trägt keine schlechten Früchte und ein kranker Baum trägt keine guten. An den Früchten ist zu erkennen, was jeder Baum wert ist. Von Disteln kann man ja auch keine Feigen pflücken und von Dornengestrüpp keine Weintrauben ernten.

Ein guter Mensch bringt Gutes hervor, weil er im Herzen gut ist. Aber ein schlechter Mensch kann nur Böses hervorbringen, weil er von Grund auf böse ist. Denn wovon das Herz voll ist, davon redet der Mund!

Lukas 6, 43-45

Das vorangehende Textbespiel stellt die botanisch unzutreffende Behauptung auf, daß kranke Bäume keine gesunden Früchte hervorbringen können und begründet damit die Unterscheidung von einerseits guten und andererseits schlechten und bösen Menschen.

Yeshua verkündet die *Liebe zum Anderen*, das *Für-einander-da-sein* in Worten der *Sanftheit* und *Offenheit*. Dieser Text steht dazu in krassem Widerspruch und wäre meiner Auffassung nach wieder dem Täufer Yochanan zuzuweisen.

Wieweit die Evangelisten auf authentische Redeüberlieferungen Yeshuas zurückgreifen konnten, wieweit andere Überlieferungen, etwa die des Yochanan einbezogen wurden oder wieweit spätere christologische Denkmuster die Auswahl der Texte und ihre Ausgestaltung beeinflußt haben, läßt sich trotz aller historisch-philologischen Bemühungen nicht klären.

Doch eines läßt sich grundsätzlich feststellen: Ein extremer Dualismus *gesund/krank* und *gut/böse* oder *gut/schlecht* durchsetzt und beherrscht das christliche Denken. Die selbstgerechte Überlegenheit gegenüber den anderen Religionen, besonders dem Judentum, setzt

116

den von Paulus begründeten theologischen Dualismus voraus. Damit läßt sich der Eindruck von Zwiespältigkeit bei der Lektüre der Evangelien erklären.

Bei der folgenden Textsammlung werde ich ähnliche Einwände gegen einen Teil der Überlieferung zur Diskussion stellen.

FÜR EINANDER DA SEIN

Vom barmherzigen Samaritaner

Die Erzählung *Vom barmherzigen Samaritaner* ist sicherlich die weltweit bekannteste und eindeutigste Botschaft für aktiv eingreifendes Handeln. Von Paulus wurde sie ins Gegenteil verkehrt.

Er lehrte: Nicht die *Werke,* sondern der *Glaube* ist entscheidend und der *Glaube* ist von der *Gnade Gottes* abhängig. Luther hat bei seiner Berufung aufs Evangelium diese Position des Paulus mit seinem *allein durch Glauben (sola fide)* noch unterstrichen.

> *...ein Gesetzeslehrer ... wollte Jesus auf die Probe stellen; er fragte ihn: »Lehrer, was muss ich tun, um das ewige Leben zu bekommen?« Jesus antwortete: »Was steht denn im Gesetz? Was liest du dort?« Der Gesetzeslehrer antwortete:*

»Liebe den Herrn, deinen Gott, von ganzem Herzen, mit ganzem Willen und mit aller deiner Kraft und deinem ganzen Verstand! Und: Liebe deinen Mitmenschen wie dich selbst!« »Du hast richtig geantwortet«, sagte Jesus. »Handle so, dann wirst du leben.«

Aber dem Gesetzeslehrer war das zu einfach, und er fragte weiter: »Wer ist denn mein Mitmensch?« Jesus nahm die Frage auf und erzählte die folgende Geschichte: »Ein Mann ging von Jerusalem nach Jericho hinab. Unterwegs überfielen ihn Räuber. Sie nahmen ihm alles weg, schlugen ihn zusammen und ließen ihn halb tot liegen. Nun kam zufällig ein Priester denselben Weg. Er sah den Mann liegen und ging vorbei. Genauso machte es ein Levit, als er an die Stelle kam: Er sah ihn liegen und ging vorbei.

Schließlich kam ein Reisender aus Samarien. Als er den Überfallenen sah, ergriff ihn das Mitleid. Er ging zu ihm hin, behandelte seine Wunden mit Öl und Wein und verband sie. Dann setzte er ihn auf sein eigenes Reittier und brachte ihn in das nächste Gasthaus, wo er sich weiter um ihn kümmerte. Am anderen Tag zog er seinen Geldbeutel heraus, gab dem Wirt zwei Silberstücke und sagte: ›Pflege ihn! Wenn du noch mehr brauchst, will ich es dir bezahlen, wenn ich zurückkomme.‹«

»Was meinst du?«, fragte Jesus. ‚Wer von den dreien hat an dem Überfallenen als Mitmensch gehandelt?' Der Gesetzeslehrer antwortete: ‚Der ihm geholfen hat!« Jesus erwiderte: »Dann geh und mach du es ebenso!'

Lukas 10, 25-37

Von der Heimkehr des verlorenen Sohnes

Die Erzählung *Von der Heimkehr des verlorenen Sohnes* ist ein von der Malerei (Rembrandt) bis zum Ballett (Prokofjew) häufig behandeltes Thema: Durch die Berücksichtigung einer Anspielung auf die politischen Hintergründe ergibt sich möglicherweise eine tiefere religiöse Bedeutung.

> *Ein Mann hatte zwei Söhne. Der Jüngere sagte: ›Vater, gib mir den Teil der Erbschaft, der mir zusteht!‹ Da teilte der Vater seinen Besitz unter die beiden auf. Nach ein paar Tagen machte der jüngere Sohn seinen ganzen Anteil zu Geld und zog weit weg in die Fremde. Dort lebte er in Saus und Braus und verjubelte alles.*
>
> *Als er nichts mehr hatte, brach in jenem Land eine große Hungersnot aus; da ging es ihm schlecht. Er hängte sich an einen Bürger des Landes, der schickte ihn aufs Feld zum Schweinehüten. Er war so hungrig, daß er auch mit dem Schweinefutter zufrieden gewesen wäre; aber er bekam nichts davon.*

Endlich ging er in sich und sagte: ›Mein Vater hat so viele Arbeiter, die bekommen alle mehr, als sie essen können, und ich komme hier um vor Hunger. Ich will zu meinem Vater gehen und zu ihm sagen: Vater, ich bin vor Gott und vor dir schuldig geworden; ich bin es nicht mehr wert, dein Sohn zu sein. Nimm mich als einen deiner Arbeiter in Dienst!‹

So machte er sich auf den Weg zu seinem Vater. Er war noch ein gutes Stück vom Haus entfernt, da sah ihn schon sein Vater kommen, und das Mitleid ergriff ihn. Er lief ihm entgegen, fiel ihm um den Hals und überhäufte ihn mit Küssen. Vater‹, sagte der Sohn, ›ich bin vor Gott und vor dir schuldig geworden, ich bin es nicht mehr wert, dein Sohn zu sein!‹ Aber der Vater rief seinen Dienern zu: ›Schnell, holt die besten Kleider für ihn, steckt ihm einen Ring an den Finger und bringt ihm Schuhe! Holt das Mastkalb und schlachtet es!

Wir wollen ein Fest feiern und uns freuen! Denn mein Sohn hier war tot, jetzt lebt er wieder, Er war verloren, jetzt ist er wiedergefunden.‹ Und sie begannen zu feiern.

Lukas 15, 11-*24*

120

Da die Evangelisten die Lebenswirklichkeit des Rabbi Yeshua nicht kannten, ist ihnen entgangen, in welchem Ausmaß die Gleichnisse gesellschaftskritisch sind.

Ein weiterführender Zugang ergibt sich über ein Detail, das in der bisherigen Interpretation völlig unverständlich bleiben mußte:

Das Markusevangelium erzählt im 5. Kapitel 9-10 von einem Menschen im nichtjüdischen Gebiet von Gerasa östlich des Sees Genesaret. Dieser Mensch war gemäß der Erzählung von einem *unreinen Geist* besessen. Als Yeshua ihn nach seinem Namen fragte, antwortete er: *Legion ist mein Name, denn wir sind viele.*

Auf ein Zeichen Yeshuas fuhren die Geister in die in der Nähe lebenden Schweine und die Herde stürmte den Steilhang hinab in den See und ertrank – etwa zweitausend an der Zahl!

Ein wichtiger Schlüssel zum Verständnis dieser Erzählung ist die Bezeichnung *Legion* für den unreinen Geist: *Legion* ist ein lateinisches Lehnwort und kommt im ganzen Neuen Testament, das auf Griechisch geschrieben ist, nur hier vor.

Zur Zeit Jesu war Israel jedoch von römischen Truppen besetzt. Und *Legion* war die Bezeichnung für eine selbständig operierende Heereseinheit der Römer.

Maßgeblich war zur Zeit Jesu die *Legio X Fretensis (Legio Decima Fretensis)*, welche später unter der Führung von Titus maßgeblich verantwortlich war für die Zerstörung des Landes und des Tempels in Jerusalem 70 n. Chr.

Die Symbole der Legio X Fretensis wurden auf zahlreichen Münzen belegt. Das hier abgebildete wurde auf Ziegeln in der Altstadt Jerusalem gefunden. Frappant dabei ist: Das Feldzeichen der *Legio X Fretensis* war unter anderem ein Eber – ein männliches Schwein! (*Fretensis* bezeichnet Meereszugehörigkeit).

Das Schwein als Symbol erweist sich auch als Schlüssel für das Gleichnis *Von der Heimkehr des verlorenen Sohnes* und gibt ihm eine tiefere politisch-religiöse Bedeutung.

Vordergründig liest sich die Geschichte so, daß sich der Sohn demütigt, indem er sich als Schweinehirt verdingt, aber dahinter verbirgt sich, daß er sein jüdisches Erbe verleugnet und einem Römer als Sklave dient. Sein Vater ist also deswegen so glücklich über die Umkehr seines Sohnes, weil er zu seinem Judentum zurückfindet.

Der Schlüssel *Legion-Schweine-Römer* ermöglicht uns, unspezifisch wirkende Gleichnisse mit den damaligen von Römern bestimmten Machtverhältnissen in Beziehung zu setzen.

ARM UND REICH

Vom reichen Jüngling

Als Jesus auf die Straße hinausgetreten war, kam ein vornehmer Jüngling herzu, kniete vor ihm nieder und fragte ihn: „Guter Meister! was soll ich Gutes tun, damit ich das ewige Leben erlange?"

Jesus entgegnete ihm: „Was nennst du mich gut? (Und) was fragst du mich über das Gute? Niemand ist gut als nur einer, Gott. Willst du aber zum Leben eingehen, so halte die Gebote."

Er sprach zu ihm: „Welche?" Jesus antwortete: „Die Gebote kennst du: Du sollst nicht töten, nicht ehebrechen, nicht stehlen, kein falsches Zeugnis geben, nicht betrügen. Ehre deinen Vater und deine Mutter und liebe deinen Nächsten wie dich selbst."

Der Jüngling antwortete ihm: „Meister, das alles habe ich von Jugend auf beobachtet; was fehlt mir noch?"

Als Jesus dieses hörte, blickte er ihn liebreich an und sprach: „Eins fehlt dir noch: Willst du vollkommen sein, so geh hin, verkaufe alles, was du hast, und gib es den Armen, und du wirst einen Schatz im Himmel haben; dann komm und folge mir nach." Als der Jüngling das hörte, ward er betrübt und ging traurig hinweg; denn er besaß viele Güter.

Markus 10, 17-22; Matthäus 19, 16-22; Lukas 18, 18-23

Vom reichen Kornbauern

Das Land eines reichen Menschen trug viel ein. Und er überlegte bei sich selbst und sprach: Was soll ich tun? Denn ich habe nicht, wohin ich meine Früchte einsammeln soll. Und er sprach: Dies will ich tun: Ich will meine Scheunen niederreißen und größere bauen und will dahin all mein Korn und meine Güter einsammeln; und ich will zu meiner Seele sagen: Seele, du hast viele Güter liegen auf viele Jahre. Ruhe aus, iss, trink, sei fröhlich!

Gott aber sprach zu ihm: Du Tor! In dieser Nacht wird man deine Seele von dir fordern. Was du aber bereitet hast, für wen wird es sein? So ist, der für sich Schätze sammelt und nicht reich ist im Blick auf Gott.

Lukas 12, 16-21

Vom reichen Mann und armen Lazarus

Es war aber ein reicher Mann, der kleidete sich in Purpur und kostbares Leinen und lebte alle Tage herrlich und in Freuden. Ein Armer aber mit Namen Lazarus lag vor seiner Tür, der war voll von Geschwüren und begehrte sich zu sättigen von dem, was von des Reichen Tisch fiel, doch kamen die Hunde und leckten an seinen Geschwüren. Es begab sich aber, daß der Arme starb, und er wurde von den Engeln getragen in Abrahams Schoß.

Der Reiche aber starb auch und wurde begraben. Als er nun in der Hölle war, hob er seine Augen auf in seiner Qual und sah Abraham von ferne und Lazarus in seinem Schoß. Und er rief und sprach: Vater Abraham, erbarme dich meiner und sende Lazarus, damit er die Spitze seines Fingers ins Wasser tauche und kühle meine Zunge; denn ich leide Pein in dieser Flamme.

Abraham aber sprach: Gedenke, Kind, daß du dein Gutes empfangen hast in deinem Leben, Lazarus dagegen hat Böses empfangen; nun wird er hier getröstet, du aber leidest Pein. Und in all dem besteht zwischen uns und euch eine große Kluft, daß niemand, der von hier zu euch hinüberwill, dorthin kommen kann und auch niemand von dort zu uns herüber.

Da sprach er: So bitte ich dich, Vater, daß du ihn sendest in meines Vaters Haus; denn ich habe noch fünf Brüder, die soll er warnen, damit sie nicht auch kommen an diesen Ort der Qual.

Abraham aber sprach: Sie haben Mose und die Propheten; die sollen sie hören. Er aber sprach: Nein, Vater Abraham, sondern wenn einer von den Toten zu ihnen ginge, so würden sie Buße tun.

Er sprach zu ihm: Hören sie Mose und die Propheten nicht, so werden sie sich auch nicht überzeugen lassen, wenn jemand von den Toten auferstünde.

Lukas 16, 19-31

Die Erzählung *Vom reichen Mann und armen Lazarus* steht für die von Yeshua verkündete Botschaft von einer gerechteren Gesellschaft, die aber von Paulus verworfen wurde und mit der Geburt der Theologie und im Sinne des christlichen Politikverständnisses ins Gegenteil verkehrt wurde. Im kirchlichen Verständnis gehören Reichtum und Armut zu Gottes ewiger Ordnung. Wer das in Frage stellt, erfährt offizielle Ablehnung. Die Botschaft des Franziskus von Assisi, der sich in der Nachfolge Yeshuas sah, ist tausend Jahre später in ähnlicher Weise pervertiert worden.

DAS RICHTIGE TUN

Wort und Tat

Was meint ihr aber hierzu?
Ein Mensch hatte zwei Söhne,
und er trat hin zu dem ersten und sprach:
Mein Sohn, geh heute hin, arbeite im Weinberg!

Der aber antwortete und sprach: Ich will nicht.
Danach aber gereute es ihn, und er ging hin.

Und er trat hin zu dem zweiten und sprach
ebenso. Der aber antwortete und sprach:
Ich gehe, Herr; und er ging nicht.

Wer von den beiden hat den Willen des Vaters
getan? Sie sagen: Der erste.

Matthäus 21, 28 -31

Dieses Gleichnis hat in den neuen Bibelausgaben den Titel *Zwei Söhne*: Es steht somit für den Dualismus *gehorsam/ungehorsam*. Ich setze dagegen den Titel *Wort und Tat* ein: Das konkrete Handeln und nicht leeres Versprechen zählt - bei Menschen wie bei Gott!

Vom bittenden Freund

Wer von euch wird einen Freund haben und wird um Mitternacht zu ihm gehen und zu ihm sagen: Freund, leihe mir drei Brote, da mein Freund von der Reise bei mir angekommen ist und ich nichts habe, was ich ihm vorsetzen soll! Und jener würde von innen antworten und sagen:

Mach mir keine Mühe! Die Tür ist schon geschlossen, und meine Kinder sind bei mir im Bett; ich kann nicht aufstehen und dir geben? Ich sage euch, wenn er auch nicht aufstehen und ihm geben wird, weil er sein Freund ist, so wird er wenigstens um seiner Unverschämtheit willen aufstehen und ihm geben, so viel er braucht.

Lukas 11, 5-8

Von der Witwe und dem ungerechten Richter

Es war ein Richter in einer Stadt, der Gott nicht fürchtete und vor keinem Menschen sich scheute. Es war aber eine Witwe in jener Stadt; und sie kam zu ihm und sprach: Schaffe mir Recht gegenüber meinem Widersacher! Und eine Zeit lang wollte er nicht; danach aber sprach er bei sich selbst:

Wenn ich auch Gott nicht fürchte und vor keinem Menschen mich scheue, so will ich doch, weil diese Witwe mir Mühe macht, ihr Recht verschaffen, damit sie nicht am Ende komme und mir ins Gesicht fahre.

Hört, was der ungerechte Richter sagt!

Gott aber, sollte er das Recht seiner Auserwählten nicht ausführen, die Tag und Nacht zu ihm schreien, und sollte er es bei ihnen lange hinziehen?

Ich sage euch, daß er ihr Recht ohne Verzug ausführen wird. Doch wird wohl der Sohn des Menschen, wenn er kommt, den Glauben finden auf der Erde?

Lukas 18, 2-8

Vom Haus auf Felsen und auf Sand gebaut

Jeder nun, der diese meine Worte hört und sie tut, den werde ich mit einem klugen Mann vergleichen, der sein Haus auf den Felsen baute; und der Platzregen fiel herab, und die Ströme kamen, und die Winde wehten und stürmten gegen jenes Haus; und es fiel nicht, denn es war auf den Felsen gegründet. Und jeder, der diese meine Worte hört und sie nicht tut, der wird mit einem törichten Mann zu vergleichen sein, der sein Haus auf den Sand baute; und der Platzregen fiel herab, und die Ströme kamen, und

129

die Winde wehten und stießen an jenes Haus;
und es fiel, und sein Fall war groß.

Matthäus 7, 24-27

Jeder, der zu mir kommt und meine Worte hört
und sie tut - ich will euch zeigen, wem er gleich
ist. Er ist einem Menschen gleich, der ein Haus
baute, grub und vertiefte und den Grund auf den
Felsen legte; als aber eine Flut kam, stieß der
Strom an jenes Haus und konnte es nicht
erschüttern, weil es gut gebaut war. Der aber
gehört und nicht getan hat, ist einem Menschen
gleich, der ein Haus auf die Erde baute ohne
Grundmauer; der Strom stieß daran, und
sogleich fiel es, und der Sturz jenes Hauses war
groß.

Lukas 6, 47-49

Auch hier ist wie bei den *Zehn Jungfrauen* die Frage, ob
der Dualismus *klug/töricht* der Lehre Yeshuas entspricht.

IN AUGENHÖHE

Vom Herrn und seinem Knecht

Wer aber von euch, der einen Knecht hat,
der pflügt oder die Schafe hütet
wird zu ihm, wenn er vom Feld hereinkommt,
sagen:
Komm und leg dich sogleich zu Tisch?

Wird er nicht vielmehr zu ihm sagen:
Richte zu, was ich zu Abend essen soll,
und gürte dich und diene mir,
bis ich gegessen und getrunken habe;
und danach sollst du essen und trinken?

Dankt er etwa dem Sklaven,
daß er das Befohlene getan hat?

Ich meine nicht.

So sprecht auch ihr, wenn ihr alles getan habt,
was euch befohlen ist:

Wir sind unnütze Knechte; wir haben getan,
was wir zu tun schuldig waren.

Lukas 17, 7-10

Wieso hat Lukas einen Text in sein Evangelium aufgenommen, der Unterwürfigkeit des Untergebenen gegenüber seinem Herrn predigt? Ihm fehlen doch alle

Anzeichen einer authentischen Äußerung Yeshuas, anders als im folgenden Text *Von der Fußwaschung* aus dem Johannesevangelium:

Jesus wäscht seinen Jüngern die Füße

Jesus gab seinen Jüngern einen letzten und äußersten Beweis seiner Liebe, als er mit ihnen zu Abend aß: Da stand er vom Tisch auf, legte sein Obergewand ab, band sich ein Tuch um und goß Wasser in eine Schüssel. Dann fing er an, seinen Jüngern die Füße zu waschen und sie mit dem Tuch abzutrocknen.

Dann zog er sein Oberkleid wieder an und kehrte zu seinem Platz am Tisch zurück.

»**Ich bin euer Herr und Lehrer, und doch habe ich euch soeben die Füße gewaschen. So sollt auch ihr euch gegenseitig die Füße waschen.**

Ich habe euch ein Beispiel gegeben, damit auch ihr so handelt, wie ich an euch gehandelt habe.

Amen, ich versichere euch:

Ein Diener ist nicht größer als sein Herr und ein Bote nicht größer als sein Auftraggeber.«

Johannes 13, 4-16

Hier gibt es allerdings im letzten Satz einen logischen Fehler. Es muß natürlich heißen:

Ein Herr ist nicht größer als sein Diener
Auftraggeber nicht größer als sein Bote.

Wer ist der größte?

Unter den Jüngern kam die Frage auf, wer von
ihnen der Größte sei.
Jesus kannte ihre Gedanken.
Er nahm ein Kind, stellte es neben sich
und sagte zu ihnen:

»Wer dieses Kind in meinem Namen aufnimmt,
nimmt mich auf. Und wer mich aufnimmt,
nimmt den auf, der mich gesandt hat.

Also: Wer unter euch der Allergeringste ist,
der ist groß.
Lasst die Kinder zu mir kommen
und hindert sie nicht,
denn für Menschen wie sie
steht Gottes neue Welt offen.
Ich versichere euch:
Wer sich Gottes neue Welt nicht schenken lässt
wie ein Kind, wird niemals hineinkommen.

Lukas 9, 46-47 und 18, 15-17

133

Von den Ehrenplätzen bei einer Hochzeit

Jesus sprach zu den Eingeladenen einer Hochzeit, als er bemerkte, wie sie die ersten Plätze wählten, und sagte zu ihnen: Wenn du von jemandem zur Hochzeit eingeladen wirst, so lege dich nicht auf den ersten Platz, damit nicht etwa ein Geehrterer als du von ihm eingeladen sei und der, welcher dich und ihn eingeladen hat, komme und zu dir spreche: Mach diesem Platz! Und dann wirst du anfangen, mit Schande den letzten Platz einzunehmen. Sondern wenn du eingeladen bist, so geh hin und lege dich auf den letzten Platz, damit, wenn der, welcher dich eingeladen hat, kommt, er zu dir spricht: Freund, rücke höher hinauf! Dann wirst du Ehre haben vor allen, die mit dir zu Tisch liegen.

Denn jeder, der sich selbst erhöht, wird erniedrigt werden, und wer sich selbst erniedrigt, wird erhöht werden.

Lukas 14, 7-11

Vom Pharisäer und Zöllner

Zwei Menschen gingen hinauf in den Tempel, um zu beten, der eine ein Pharisäer und der andere ein Zöllner. Der Pharisäer stand und betete bei sich selbst so:

*»Gott, ich danke dir, da ich nicht bin wie die
Übrigen der Menschen: Räuber, Ungerechte,
Ehebrecher oder auch wie dieser Zöllner. Ich
faste zweimal in der Woche, ich vierzehnte alles,
was ich erwerbe.«*

*Der Zöllner aber stand weitab und wollte sogar
die Augen nicht aufheben zum Himmel, sondern
schlug an seine Brust und sprach: »Gott, sei mir,
dem Sünder, gnädig! «*

**Ich sage euch: Dieser ging gerechtfertigt hinab
in sein Haus, im Gegensatz zu jenem; denn
jeder, der sich selbst erhöht, wird erniedrigt
werden; wer aber sich selbst erniedrigt,
wird erhöht werden.**

Lukas 18, 10-14

Dieses Gleichnis hatte wie fast alle Erwähnungen der Pharisäer in den Evangelien fatale Folgen für das Verhältnis von Christen- und Judentum:

Wenn es in dem Gleichnis darum geht, daß ein angesehener und gebildeter Mann einem einfachen und wegen seiner Römerkooperation verachteten Mann sich in eitler Selbstgerechtigkeit überlegen fühlt, hat sich nicht nur eine generelle – und der historischen Realität widersprechende Verallgemeinerung des Pharisäers als scheinheiligem Frömmler verfestigt, sondern der Pharisäer ist schlechthin zum Inbegriff des Juden geworden. Der Titel lautet daher auch in aktuellen Bibelausgaben: *Von den Pharisäern und Zöllnern.*

UN-GLEICHNISSE

Von der königlichen Hochzeit

Mit dem Reich der Himmel ist es wie mit einem König, der seinem Sohn die Hochzeit bereitete. Und er sandte seine Knechte aus, um die Eingeladenen zur Hochzeit zu rufen; und sie wollten nicht kommen. Wiederum sandte er andere Knechte aus und sprach: Sagt den Eingeladenen: Siehe, mein Mahl habe ich bereitet, meine Ochsen und mein Mastvieh sind geschlachtet, und alles ist bereit. Kommt zur Hochzeit! Sie aber kümmerten sich nicht darum und gingen weg, der eine auf seinen Acker, der andere an seinen Handel.

Die Übrigen aber ergriffen seine Knechte, misshandelten und töteten sie. Der König aber wurde zornig und sandte seine Truppen aus, brachte jene Mörder um und steckte ihre Stadt in Brand.

Dann sagt er zu seinen Knechten: Die Hochzeit ist zwar bereit, aber die Eingeladenen waren nicht würdig. So geht nun hin auf die Kreuzwege der Landstraßen, und so viele immer ihr finden werdet, ladet zur Hochzeit ein. Und jene Knechte gingen aus auf die Landstraßen und brachten

alle zusammen, die sie fanden, Böse wie Gute.
Und der Hochzeitssaal wurde voll von Gästen.

Als aber der König hereinkam, die Gäste zu
besehen, sah er dort einen Menschen, der nicht
mit einem Hochzeitskleid bekleidet war. Und er
spricht zu ihm: Freund, wie bist du hier
hereingekommen, da du kein Hochzeitskleid
hast? Er aber verstummte.

Da sprach der König zu den Dienern: Bindet ihm
Füße und Hände, und werft ihn hinaus in die
äußere Finsternis; da wird das Weinen und das
Zähneknirschen sein. Denn viele sind Berufene,
wenige aber Auserwählte.

Matthäus 22, 2-14

Vom großen Gastmahl

Ein Mensch machte ein großes Gastmahl und lud
viele ein. Und er sandte seinen Knecht zur Stunde
des Gastmahls, um den Eingeladenen zu sagen:
Kommt! Denn schon ist alles bereit. Und sie
fingen alle ohne Ausnahme an, sich zu
entschuldigen. Der erste sprach zu ihm: Ich habe
einen Acker gekauft und muss unbedingt
hinausgehen und ihn besehen; ich bitte dich,
halte mich für entschuldigt. Und ein anderer
sprach: Ich habe fünf Joch Ochsen gekauft, und
ich gehe hin, sie zu erproben; ich bitte dich, halte
mich für entschuldigt. Und ein anderer sprach:

Ich habe eine Frau geheiratet, und darum kann ich nicht kommen. Und der Knecht kam herbei und berichtete dies seinem Herrn.

Da wurde der Hausherr zornig und sprach zu seinem Knecht: Geh schnell hinaus auf die Straßen und Gassen der Stadt und bringe die Armen und Krüppel und Blinden und Lahmen hier herein! Und der Knecht sprach: Herr, es ist geschehen, wie du befohlen hast, und es ist noch Raum.

Und der Herr sprach zu dem Knecht: Geh hinaus auf die Wege und an die Zäune und nötige sie hereinzukommen, daß mein Haus voll werde!

Denn ich sage euch, daß nicht einer jener Männer, die eingeladen waren, mein Gastmahl schmecken wird.

Lukas 14, 16-24

Von den klugen und törichten Jungfrauen

Dann wird das Himmelreich gleichen *zehn Jungfrauen, die ihre Lampen nahmen und gingen hinaus, dem Bräutigam entgegen. Aber fünf von ihnen waren töricht und fünf waren klug.*

Die törichten nahmen ihre Lampen, aber sie nahmen kein Öl mit. Die klugen aber nahmen Öl mit in ihren Gefäßen, samt ihren Lampen. Als

138

*nun der Bräutigam lange ausblieb, wurden sie
alle schläfrig und schliefen ein. Um Mitternacht
aber erhob sich lautes Rufen: Siehe, der
Bräutigam kommt! Geht hinaus, ihm entgegen!*

*Da standen diese Jungfrauen alle auf und
machten ihre Lampen fertig. Die törichten aber
sprachen zu den klugen: Gebt uns von eurem Öl,
denn unsre Lampen verlöschen
 Da antworteten die klugen und sprachen: Nein,
sonst würde es für uns und euch nicht genug
sein; geht aber zum Kaufmann und kauft für
euch selbst. Und als sie hingingen zu kaufen, kam
der Bräutigam; und die bereit waren, gingen mit
ihm hinein zur Hochzeit, und die Tür wurde
verschlossen. Später kamen auch die andern
Jungfrauen und sprachen: Herr, Herr, tu uns auf!*

Er antwortete aber und sprach:

*Wahrlich, ich sage euch,
ich kenne euch nicht.
Darum wachet!
Denn ihr wißt weder Tag noch Stunde.*

Matthäus 25, 1-13

Dies Gleichnis kann unmöglich von Yeshua stammen: Der Dualismus *töricht/klug* widerspricht seinem Geist. Er hätte auf Bitten einer Frau die Tür geöffnet: *Ich bin die Tür... (Johannes 11, 25).* Wieso stehen Macht, Befehlsgewalt und Umgang mit Besitz so sehr im Mittelpunkt von Gleichnissen, die das Reich Gottes schildern? Es ist, als hätten die Evangelisten das neue *Reich Gottes* als eine Art herkömmliches *Königreich* mißverstanden.

Um nachvollziehbar zu machen, wie sich Aussagen des Yeshua in ihrem Wesen verändern können, wenn man sie auf ihren römerkritischen Ursprung zurückführt, gebe ich das Gleichnis *Vom anvertrauten Geld* in den beiden Versionen von Matthäus und Lukas wieder:

Vom anvertrauten Geld I
(Version des Matthäus)

Das Himmelreich ist wie mit einem Mann, der verreisen wollte. Er rief vorher seine Diener zusammen und vertraute ihnen sein Vermögen an. Dem einen gab er fünf Talente, dem anderen zwei und dem dritten einen, je nach ihren Fähigkeiten. Dann reiste er ab.

Der erste, der die fünf Talente bekommen hatte, steckte sofort das ganze Geld in Geschäfte und konnte die Summe verdoppeln. Ebenso machte es der zweite: Zu seinen zwei Talenten gewann er noch zwei hinzu. Der aber, der nur ein Talent bekommen hatte, vergrub das Geld seines Herrn in der Erde. Nach langer Zeit kam der Herr zurück und wollte mit seinen Dienern abrechnen.

Der erste, der die fünf Talente erhalten hatte, trat vor und sagte: ›Du hast mir fünf Talente anvertraut, Herr, und ich habe noch weitere fünf dazuverdient; hier sind sie!‹ ›Sehr gut‹, sagte sein Herr, ›du bist ein tüchtiger und treuer Diener. Du hast dich in kleinen Dingen als zuverlässig erwiesen, darum werde ich dir auch Größeres anvertrauen. Komm zum Freudenfest deines Herrn!‹

Dann kam der mit den zwei Talenten und sagte: ›Du hast mir zwei Talente gegeben, Herr, und ich habe noch einmal zwei dazu verdient.‹ ›Sehr gut‹, sagte der Herr, ›du bist ein tüchtiger und treuer Diener. Du hast dich in kleinen Dingen als zuverlässig erwiesen, darum werde ich dir auch Größeres anvertrauen. Komm zum Freudenfest deines Herrn!‹

Zuletzt kam der mit dem einen Talent und sagte: ›Herr, ich wußte, daß du ein harter Mann bist. Du erntest, wo du nicht gesät hast, und sammelst ein, wo du nichts ausgeteilt hast. Deshalb hatte ich Angst und habe dein Geld vergraben. Hier hast du zurück, was dir gehört.‹

Da sagte der Herr zu ihm: ›Du unzuverlässiger und fauler Diener! Du wußtest also, daß ich ernte, wo ich nicht gesät habe, und sammle, wo ich nichts ausgeteilt habe?

Dann hättest du mein Geld wenigstens auf die Bank bringen sollen, und ich hätte es mit Zinsen zurückbekommen! Nehmt ihm sein Teil weg und gebt es dem, der die zehn Zentner hat!

Denn wer viel hat, soll noch mehr bekommen, bis er mehr als genug hat. Wer aber wenig hat, dem wird auch noch das Letzte weggenommen werden. Und diesen Taugenichts werft hinaus in die Dunkelheit draußen! Dort gibt es nur noch Heulen und Zähneklappern.‹

Matthäus 25, 14-30

Vom anvertrauten Geld II
(Version des Lukas)

Ein Mann von königlicher Herkunft reiste in ein fernes Land. Dort wollte er sich zum König über sein eigenes Volk und Land einsetzen lassen und danach zurückkehren.

Bevor er abreiste, rief er zehn seiner Diener, gab jedem ein Pfund Silberstücke und sagte zu ihnen: ›Treibt Handel damit und macht etwas daraus, bis ich komme!‹ Aber seine Landsleute konnten ihn nicht leiden. Deshalb schickten sie Boten hinter ihm her, die erklären sollten: ›Wir wollen diesen Mann nicht als König haben!‹ Als er nun König geworden war, kam er zurück und ließ die Diener rufen, denen er das Geld anvertraut hatte. Er wollte sehen, was sie damit erwirtschaftet hatten.

Der erste kam und berichtete:
›Herr, dein Pfund Silberstücke hat zehn weitere Pfund eingebracht.‹ ›Sehr gut‹, sagte sein Herr, ›du bist ein tüchtiger Diener. Weil du in so kleinen Dingen zuverlässig warst, mache ich dich zum Herrn über zehn Städte.‹

Der zweite kam und berichtete:
›Herr, dein Pfund Silberstücke hat fünf weitere Pfund eingebracht.‹ Der Herr sagte zu ihm: ›Dich mache ich zum Herrn über fünf Städte.‹

Ein dritter aber kam und sagte:
›Herr, hier hast du dein Pfund Silberstücke zurück. Ich habe es im Tuch verwahrt und immer bei mir getragen. Ich hatte Angst vor dir, weil du ein strenger Mann bist. Du hebst Geld ab, das du nicht eingezahlt hast, und du erntest, was du nicht gesät hast.‹

Zu ihm sagte der Herr: ›Du Nichtsnutz, du hast dir selbst das Urteil gesprochen. Du wußtest also, daß ich ein strenger Mann bin, daß ich abhebe, was ich nicht eingezahlt habe, und ernte, was ich nicht gesät habe. Warum hast du dann mein Geld nicht wenigstens auf die Bank gebracht? Dort hätte ich es bei meiner Rückkehr mit Zinsen wiederbekommen.‹ Dann sagte er zu den Umstehenden: ›Nehmt ihm sein Pfund ab und gebt es dem, der die zehn erwirtschaftet hat.‹ Sie wandten ein: ›Herr, der hat doch schon zehn!‹

Aber der König erwiderte:

›Ich sage euch, wer viel hat, soll noch mehr bekommen. Wer aber wenig hat, dem wird auch noch das Letzte weggenommen werden. Nun aber zu meinen Feinden, die mich nicht als König haben wollten! Bringt sie her und macht sie vor meinen Augen nieder!‹

Lukas 19, 12-27

Die Version von Matthäus ist die bekanntere, die von Lukas eindeutig die ursprünglichere. Es gibt folgenden historischen Hintergrund: Herodes' Sohn Archelaus war nach Rom gereist, um von Kaiser Augustus als König bestätigt zu werden.

Während seiner Abwesenheit nehmen seine Beamten die Bürger aus und werden dafür dementsprechend belohnt. Der einzige, der sich korrekt verhalten hat, geht leer aus.

Wer hat dem wird gegeben werden.
Wer aber nichts hat,
dem wird auch noch das genommen,
was er hat.

das ist einer der berüchtigtsten und in seiner Mißverstandenheit folgenreichsten Sprüche der evangelischen Tradition. Doch er war von Yeshua her eine bittere Anklage gegen das Unrechtssystem seiner Epoche.

MEHR UND WENIGER

Schon Heinrich Heine spottete über das Gleichnis:

Hat man viel, so wird man bald
noch viel mehr dazubekommen.
Wer nur wenig hat, dem wird
auch das Wenige genommen.

Wenn du aber gar nichts hast,
ach, so lasse dich begraben –
denn ein Recht zum Leben, Lump,
haben nur, die etwas haben.

Aus *Lamentationen: Lazarus, Weltlauf*

Bertolt Brechts nach der Oper entstandene *Dreigroschenroman* ist eine ausführliche Paraphrase dieses Spruches und enthält die

BALLADE VOM PFUND

Als unser Herr auf Erden
in Sprüchen sich erging
da hieß er uns bewerten
den Wucher nicht gering.

Er riet all den Besuchern
die er bei sich empfing
mit ihrem Pfund zu wuchern
so gut es irgend ging.

Und daß er Ihm gefalle
strengt sich ja jeder an!
So wucherten denn alle
die's vordem auch getan.

Und sieht man denn nicht stündlich
auf Erden weit und breit
daß Gott dem, der nicht gründlich
mitwuchert, nicht verzeiht?

Nur, die kein Pfündlein haben
was machen denn dann die?
Die lassen sich wohl begraben
und es geht ohne sie?

Nein, nein, wenn die nicht wären
dann gäb's ja gar kein Pfund
denn ohne ihr' Schwielen und Schwären
macht keiner sich gesund.

Die gesamte Tradition verhält sich völlig indifferent angesichts skandalöser Mißverständnisse des Matthäus.

Bei ihm treten Könige, Besitzer von Weinbergen, Dienstherren und vermögende Männer in den Gleichnissen bedenkenlos als Protagonisten im *Reich Gottes* auf oder werden Gott gleichgesetzt, während nach Yeshuas Worten das *Reich Gottes* die Umkehrung der Verhältnisse wäre, in dem die *Letzten die Ersten* sind und es kein *Reich und Arm* mehr gibt. Für die Kirche ist das *Reich Gottes* das Symbol für die *Ewige Ordnung der Welt*. Wer diese Ordnung in Frage stellt, schließt sich aus der Gemeinschaft der Christen aus und wird exkommuniziert. So ist dann auch offiziell ist vom *Herrn Jesus Christus* die Rede, so wie Gott *der Herr* genannt wird, aus dem Alten Testaments wird der *Herr der Heerscharen* (Zebaoth) übernommen, oder er heißt *Mächtigster König* und bei Luther *Eine feste Burg,* ohne daß man sich dabei etwas denkt.

Noch im 20. Jahrhundert entzündete sich genau an diesem Punkt der Konflikt des Vatikans mit dem brasilianischen Theologen Leonardo Boff, dem Vertreter der *Befreiungstheologie* und Fürsprecher der *Kirche der Armen*. Der spätere Papst Benedikt und damals noch Bischof Ratzinger als Leiter der Kongregation für die Glaubenslehre erteilte dem Priester 1985 ein Jahr Redeverbot (Schweigen und Gehorsam). Leonardo Boff gab 1992 sein Priesteramt auf und heiratete. Papst Franziskus hat Leonardo Boff zu seinem 80. Geburtstag gratuliert und ihm für seine Arbeit gedankt.

Unser Wort *Talent* entstammt diesem von Matthäus so verhängnisvoll um seinen Sinn gebrachten Gleichnis. Unser Umgang mit Talenten als *Geld* wie als *Begabung* richtet sich allerdings immer noch genau nach der Einstellung, gegen die Yeshua sich gewandt hatte.

Könige, Weinbergbesitzer, Sklavenhalter als Herrscher des gleichnishaften Himmelreichs geben nicht das yeshuanische, sondern das paulinische Gesellschaftsbild wieder und begründen eine Tradition der Textinterpretation, die jede Möglichkeit einer Gesellschaftskritik ausschließt.

Von den Arbeitern im Weinberg

> ***Denn mit dem Reich der Himmel ist es wie*** *mit einem Hausherrn, der ganz frühmorgens hinausging, um Arbeiter in seinen Weinberg einzustellen. Nachdem er aber mit den Arbeitern um einen Denar den Tag übereingekommen war, sandte er sie in seinen Weinberg. Und als er um die dritte Stunde ausging, sah er andere auf dem Markt müßig stehen; und zu diesen sprach er: Geht auch ihr hin in den Weinberg! Und was recht ist, werde ich euch geben. Sie aber gingen hin. Wieder aber ging er hinaus um die sechste und neunte Stunde und machte es ebenso. Als er aber um die elfte Stunde hinausging, fand er andere stehen und spricht zu ihnen: Was steht ihr hier den ganzen Tag müßig? Sie sagen zu ihm:*

*Weil niemand uns eingestellt hat. Er spricht zu
ihnen: Geht auch ihr hin in den Weinberg!*

*Als es aber Abend geworden war, spricht der
Herr des Weinbergs zu seinem Verwalter: Rufe
die Arbeiter und zahle ihnen den Lohn,
angefangen von den letzten bis zu den ersten!
Und als die um die elfte Stunde Eingestellten
kamen, empfingen sie je einen Denar. Als aber
die Ersten kamen, meinten sie, daß sie mehr
empfangen würden; und auch sie empfingen je
einen Denar.*

*Als sie den aber empfingen, murrten sie gegen
den Hausherrn und sprachen: Diese Letzten
haben eine Stunde gearbeitet, und du hast sie
uns gleichgemacht, die wir die Last des Tages
und die Hitze getragen haben.*

*Er aber antwortete und sprach zu einem von
ihnen: Freund, ich tue dir nicht Unrecht. Bist du
nicht um einen Denar mit mir
übereingekommen? Nimm das Deine und geh
hin! Ich will aber diesem Letzten geben wie auch
dir.*

***Ist es mir nicht erlaubt, mit dem Meinen zu tun,
was ich will? Oder blickt dein Auge böse, weil
ich gütig bin? So werden die Letzten Erste und
die Ersten Letzte sein; denn viele sind Berufene,
wenige aber Auserwählte.***

Matthäus 20, 1-16

Im Sinne des Gleichnisses steht der Weinberg für das Himmelreich, der Hausherr für Gott. Der Mensch hat es hinzunehmen, wenn Gott zu den einen bloß gerecht ist, zu anderen aber besonders gütig., denn Gott kann mit dem Seinen machen, was er will. Gott beruft viele, wählt aber nur einige aus. Darin besteht seine Gnade.

Der Mensch mag an letzter Stelle stehen. Wenn Gott es so will, kann er an die erste versetzt werden – oder umgekehrt. Der Mensch darf aber keine Forderungen an Gott stellen. Auch wenn er mehr arbeitet als andere, kann er nicht sicher sein, daß Gott es ihm lohnt, so wie er andere belohnt, auch wenn sie wenig arbeiteten.

Aber dann gibt es Gleichnisse, die genau das Gegenteil sagen:

Vom Gläubiger und den zwei Schuldnern

Ein Gläubiger hatte zwei Schuldner. Einer war fünfhundert Silbergroschen schuldig, der andere fünfzig. Da sie aber nicht bezahlen konnten, schenkte er's beiden. Wer von ihnen wird ihn am meisten lieben? Simon antwortete und sprach: Ich denke, der, dem er am meisten geschenkt hat. Er aber sprach zu ihm: Du hast recht geurteilt.

Lukas 7, 41-43

Vom ungerechten Haushalter

Es war ein reicher Mann, der einen Verwalter hatte; und dieser wurde bei ihm angeklagt, als verschwende er seine Habe. Und er rief ihn und sprach zu ihm: Was ist es, das ich von dir höre? Lege die Rechnung von deiner Verwaltung ab! Denn du wirst nicht mehr Verwalter sein können. Der Verwalter aber sprach bei sich selbst: Was soll ich tun? Denn mein Herr nimmt mir die Verwaltung ab. Graben kann ich nicht, zu betteln schäme ich mich. Ich weiß, was ich tun werde, damit sie mich, wenn ich der Verwaltung enthoben bin, in ihre Häuser aufnehmen.

Und er rief jeden Einzelnen der Schuldner seines Herrn herbei und sprach zu dem ersten: Wie viel bist du meinem Herrn schuldig? Der aber sprach: Hundert Bat Öl. Und er sprach zu ihm: Nimm deinen Schuldbrief und setze dich schnell hin und schreibe fünfzig! Danach sprach er zu einem anderen: Du aber, wie viel bist du schuldig? Der aber sprach: Hundert Kor Weizen. Und er spricht zu ihm: Nimm deinen Schuldbrief und schreibe achtzig!

Und der Herr lobte den ungerechten Verwalter, weil er klug gehandelt hatte; denn die Söhne dieser Welt sind klüger als die Söhne des Lichts gegen ihr eigenes Geschlecht.

Lukas 16, 1-8

Vom Schalksknecht

Deswegen ist es mit dem Reich der Himmel wie mit einem König, der mit seinen Knechten abrechnen wollte. Als er aber anfing abzurechnen, wurde einer zu ihm gebracht, der zehntausend Talente schuldete. Da er aber nicht zahlen konnte, befahl der Herr, ihn und seine Frau und die Kinder und alles, was er hatte, zu verkaufen und damit zu bezahlen.

Der Knecht nun fiel nieder, bat ihn kniefällig und sprach: Herr, habe Geduld mit mir, und ich will dir alles bezahlen. Der Herr jenes Knechtes aber wurde innerlich bewegt, gab ihn los und erließ ihm das Darlehen.

Jener Knecht aber ging hinaus und fand einen seiner Mitknechte, der ihm hundert Denare schuldig war. Und er ergriff und würgte ihn und sprach: Bezahle, wenn du etwas schuldig bist! Sein Mitknecht nun fiel nieder und bat ihn und sprach: Habe Geduld mit mir, und ich will dir bezahlen. Er aber wollte nicht, sondern ging hin und warf ihn ins Gefängnis, bis er die Schuld bezahlt habe. Als aber seine Mitknechte sahen, was geschehen war, wurden sie sehr betrübt und gingen und berichteten ihrem Herrn alles, was geschehen war.

Da rief ihn sein Herr herbei und spricht zu ihm:
Böser Knecht! Jene ganze Schuld habe ich dir
erlassen, weil du mich batest. Solltest nicht
auch du dich deines Mitknechtes erbarmt
haben, wie auch ich mich deiner erbarmt habe?
Und sein Herr wurde zornig und überlieferte ihn
den Folterknechten, bis er alles bezahlt habe,
was er ihm schuldig war.

Matthäus 18, 23-34

Vom treuen Verwalter

Wer ist nun der treue und kluge Knecht, den der
Herr über seine Leute gesetzt hat, damit er ihnen
zur rechten Zeit zu essen gebe? Selig ist der
Knecht, den sein Herr, wenn er kommt, das tun
sieht. Wahrlich, ich sage euch: Er wird ihn über
alle seine Güter setzen.

Wenn aber jener als ein böser Knecht in seinem
Herzen sagt:
Mein Herr kommt noch lange nicht, und fängt
an, seine Mitknechte zu schlagen, isst und trinkt
mit den Betrunkenen: dann wird der Herr dieses
Knechts kommen an einem Tage, an dem er's
nicht erwartet, und zu einer Stunde, die er nicht
kennt, und er wird ihn in Stücke hauen lassen
und ihm sein Teil geben bei den Heuchlern; da
wird sein Heulen und Zähneklappern.

Matthäus 24, 43-51

154

Wer ist denn der treue und kluge Verwalter, den der Herr über seine Leute setzt, damit er ihnen zur rechten Zeit gibt, was ihnen zusteht? Selig ist der Knecht, den sein Herr, wenn er kommt, das tun sieht. Wahrlich, ich sage euch: Er wird ihn über alle seine Güter setzen.

Wenn aber jener Knecht in seinem Herzen sagt: Mein Herr kommt noch lange nicht, und fängt an, die Knechte und Mägde zu schlagen, auch zu essen und zu trinken und sich voll zu saufen, dann wird der Herr dieses Knechtes kommen an einem Tage, an dem er's nicht erwartet, und zu einer Stunde, die er nicht kennt, und wird ihn in Stücke hauen lassen und wird ihm sein Teil geben bei den Ungläubigen.

Der Knecht aber, der den Willen seines Herrn kennt, hat aber nichts vorbereitet noch nach seinem Willen getan, der wird viel Schläge erleiden müssen. Wer ihn aber nicht kennt und getan hat, was Schläge verdient, wird wenig Schläge erleiden.

Denn wem viel gegeben ist, bei dem wird man viel suchen; und wem viel anvertraut ist, von dem wird man umso mehr fordern.

Lukas 12, 35-4

Und es gibt Gleichnisse, in denen offen bleibt, auf welcher Seite mehr Unrecht liegt, auf der des Besitzenden oder des Abhängigen.

Vom treulosen Weingärtner

Ein Mensch pflanzte einen Weinberg und setzte einen Zaun darum und grub einen Keltertrog und baute einen Turm; und er verpachtete ihn an Weingärtner und reiste außer Landes.

Und er sandte zur bestimmten Zeit zu den Weingärtnern einen Knecht, um von den Weingärtnern etwas von den Früchten des Weinbergs zu empfangen. Sie aber nahmen ihn, schlugen ihn und sandten ihn leer fort. Und wieder sandte er einen anderen Knecht zu ihnen; und den verwundeten sie am Kopf und beschimpften ihn. Und er sandte einen anderen, und den töteten sie; und viele andere; die einen schlugen sie, die anderen töteten sie. Noch einen hatte er, einen geliebten Sohn, den sandte er als Letzten zu ihnen, indem er sprach: Sie werden sich vor meinem Sohn scheuen. Jene Weingärtner aber sprachen zueinander:

Dies ist der Erbe; kommt, lasst uns ihn töten, und das Erbe wird unser sein. Und sie nahmen und töteten ihn und warfen ihn zum Weinberg hinaus.

Was wird der Herr des Weinbergs tun? Er wird kommen und die Weingärtner umbringen und den Weinberg anderen geben.

Markus 12, 1-9

Es war ein Hausherr, der einen Weinberg pflanzte und einen Zaun darum setzte und eine Kelter darin grub und einen Turm baute; und er verpachtete ihn an Weingärtner und reiste außer Landes.

Als aber die Zeit der Früchte nahte, sandte er seine Knechte zu den Weingärtnern, um seine Früchte zu empfangen. Und die Weingärtner nahmen seine Knechte, einen schlugen sie, einen anderen töteten sie, einen anderen steinigten sie. Wiederum sandte er andere Knechte, mehr als die ersten; und sie taten ihnen ebenso. Zuletzt aber sandte er einen Sohn zu ihnen, indem er sagte: Sie werden sich vor meinem Sohn scheuen!

Als aber die Weingärtner den Sohn sahen, sprachen sie untereinander: Dieser ist der Erbe. Kommt, lasst uns ihn töten und sein Erbe in Besitz nehmen! Und sie nahmen ihn, warfen ihn zum Weinberg hinaus und töteten ihn.

Wenn nun der Herr des Weinbergs kommt, was wird er jenen Weingärtnern tun? Sie sagen zu ihm: Er wird jene Übeltäter übel umbringen,

und den Weinberg wird er an andere
Weingärtner verpachten, die ihm die Früchte
abgeben werden zu ihrer Zeit.

Matthäus 21, 33-41

Ein Mensch pflanzte einen Weinberg und
verpachtete ihn an Weingärtner und reiste für
lange Zeit außer Landes.

Und zur bestimmten Zeit sandte er einen Knecht
zu den Weingärtnern, damit sie ihm von der
Frucht des Weinbergs gäben.

Die Weingärtner aber schlugen ihn und schickten
ihn leer fort. Und er fuhr fort und sandte einen
anderen Knecht; sie aber schlugen auch den und
behandelten ihn verächtlich und schickten ihn
leer fort. Und er fuhr fort und sandte einen
dritten; sie aber verwundeten auch diesen und
warfen ihn hinaus. Der Herr des Weinbergs aber
sprach: Was soll ich tun? Ich will meinen
geliebten Sohn senden; vielleicht, wenn sie
diesen sehen, werden sie sich scheuen.

Als aber die Weingärtner ihn sahen, überlegten
sie miteinander und sagten: Dieser ist der Erbe;
lasst uns ihn töten, daß das Erbe unser werde.
Und als sie ihn aus dem Weinberg
hinausgeworfen hatten, töteten sie ihn.

Was wird nun der Herr des Weinbergs ihnen
tun? Er wird kommen und diese Weingärtner
umbringen und den Weinberg anderen geben.
Als sie aber das hörten, sprachen sie:
Das sei fern!

Lukas 20, 9-16

Der Anfangssatz müßte eigentlich heißen, ein Mann hatte
für wenig Geld Gelände von verschuldeten Bauern
erworben und sie dann als Tagelöhner beschäftigt und
von ihnen Wein anpflanzen lassen. Er hatte genügend
Geld, um sich eine Reise zu leisten und verpachtete den
Weinberg an ehemalige Bauern.

**Wie oft bei Lukas gibt es etwas abweichende
Formulierungen oder Zusätze, die ein anderes Licht auf
die Zusammenhänge werfen. Hier ist es der Einspruch
der Zuhörer: Das sei fern!**

Es bleibt aber offen, wie das zu verstehen ist. Sehen sie
ein Recht der um ihren ehemaligen Besitz gebrachten
Weingärtner gegenüber ihrem Herrn?

Vom Turmbau und der Kriegsführung

Denn wer unter euch, der einen Turm bauen will,
setzt sich nicht vorher hin und berechnet die
Kosten, ob er das Nötige zur Ausführung habe?
Damit nicht etwa, wenn er den Grund gelegt hat
und nicht vollenden kann, alle, die es sehen,
anfangen, ihn zu verspotten, und sagen:

159

*Dieser Mensch hat angefangen zu bauen und
konnte nicht vollenden.*

*Oder welcher König, der auszieht, um sich mit
einem anderen König in Krieg einzulassen, setzt
sich nicht vorher hin und ratschlagt, ob er
imstande sei, dem mit zehntausend
entgegenzutreten, der gegen ihn mit
zwanzigtausend anrückt? Wenn aber nicht, so
sendet er, während er noch fern ist, eine
Gesandtschaft und bittet um die
Friedensbedingungen.*

**So kann nun keiner von euch,
der nicht allem entsagt,
was er hat, mein Jünger sein.**

Lukas 14, 28-33

Setzt sich hier Yeshua an die Stelle eines Kriegsherrn oder
Königs?

Ist hier nicht eher zu vermuten, daß Texte aus ganz
anderen Zusammenhängen in die Evangelien geraten
sind? Daß solche Fragen nie gestellt worden sind und von
wenigen Ausnahmen (Luise Schottroff, *Die Gleichnisse
Jesu*)) auch heute nicht gestellt werden, zeigt, wie tief
verinnerlicht Herrschaft, Macht und Gewalt zum Wesen
des Christentums gehören. So wird Gott in Kirchenliedern
und geistlichen Gesängen *Herr und König* genannt, und
man sagt bedenkenlos – und gewissenlos - *Unser Herr
Jesus Christus.* Der letzte Satz entspricht zwar der Lehre
Yeshuas, ist aber ohne jeden Bezug zum Voranstehenden.

DIE GLEICHNISSE IM KONTEXT

Ich habe an einzelnen Beispielen gezeigt, welche Irrtümer den Evangelisten unterlaufen sind wie widersprüchlich einige der Gleichnisse in sich selbst sind und zueinander stehen. In der Überlieferung vom jüdischen in den griechisch-römischen Kulturkreis und auch in der Übertragung vom Aramäischen ins Griechische ist die Beziehung zum historisch-politischen Kontext verloren gegangen. Durch die Vernichtung aller zeitgenössischen Quellen bei der Zerstörung Jerusalems ist die Überlieferung der Lehre Yeshuas bruchstückhaft und zufällig.

Zwölf der Gleichnisse, die in den Evangelien mit dem jeweiligen Einleitungssatz auf das Reich Gottes bezogen werden, stellen die damaligen Besitz- und Machtverhältnisse in Frage – was aber bis heute in der gesamten Interpretationstradition verkannt wird, weil der erste Schritt der vierfachen Schriftauslegung, der wortwörtlich-realistische, prinzipiell übersprungen wird, und nur Glaubensüberlegungen gelten.

Gott ist anders!

Yeshuas Botschaft der Befreiung von ungerechter Herrschaft wird von Paulus mit seiner Theologie der Erlösung von der Sünde pervertiert, indem er die bestehende gesellschaftliche Ordnung als gottgegeben und von daher unangreifbar erklärt.

Yeshua stellt Besitz und Reichtum grundsätzlich in Frage, wie es einzelne Aussagen wie die *Vom Kamel und dem Nadelöhr* und die Gleichnisse *Vom reichen Jüngling*, *Vom reichen Kornbauern* und *Vom reichen Mann und armen Lazarus* eindrücklich zeigen. Wäre es von daher nicht zwingend, daß Yeshua in seinen Erzählungen von Weinbergbesitzern oder Bürgern, die ein großes Vermögen zu verwalten haben oder Sklaven halten Kritik an ihnen übt, satt sie als Repräsentanten des Reiches Gottes vorzuführen?

In der gesamten Interpretationsgeschichte gibt es diese Überlegung nicht, weil die Affirmation herrschaftlicher Macht den Geist des Christentums widerspiegelt und Yeshua als Befreier von herrschaftlicher Macht eliminiert wurde und immer noch wird.

Ich beende die Textauswahl mit der Erzählung *Vom Weltgericht,* die einerseits von der *Liebe als Fürsorge* (Caritas) handelt, also Yeshuas Lehre vollkommen entspricht, andererseits aber den Dualismus *gerecht/sündig* widerspiegelt, wie sie Christus entspricht.

Vom Weltgericht

Wenn aber der Sohn des Menschen kommen wird in seiner Herrlichkeit und alle Engel mit ihm, dann wird er auf seinem Thron der Herrlichkeit sitzen; und vor ihm werden versammelt werden alle Nationen, und er wird sie voneinander scheiden, wie der Hirte die Schafe von den Böcken scheidet. Und er wird die Schafe zu seiner Rechten stellen, die Böcke aber zur Linken.

Dann wird der König zu denen zu seiner Rechten sagen: Kommt her, Gesegnete meines Vaters, erbt das Reich, das euch bereitet ist von Grundlegung der Welt an! Denn mich hungerte, und ihr gabt mir zu essen; mich dürstete, und ihr gabt mir zu trinken; ich war Fremdling, und ihr nahmt mich auf; nackt, und ihr bekleidetet mich; ich war krank, und ihr besuchtet mich; ich war im Gefängnis, und ihr kamt zu mir.

Dann werden die Gerechten ihm antworten und sagen: Herr, wann sahen wir dich hungrig und speisten dich? Oder durstig und gaben dir zu trinken?

Wann aber sahen wir dich als Fremdling und nahmen dich auf? Oder nackt und bekleideten dich? Wann aber sahen wir dich krank oder im Gefängnis und kamen zu dir? Und der König wird antworten und zu ihnen sagen:

Wahrlich, ich sage euch, was ihr einem dieser meiner geringsten Brüder getan habt, habt ihr mir getan.

Dann wird er auch zu denen zur Linken sagen: Geht von mir, Verfluchte, in das ewige Feuer, das bereitet ist dem Teufel und seinen Engeln! Denn mich hungerte, und ihr gabt mir nicht zu essen; mich dürstete, und ihr gabt mir nicht zu trinken; ich war Fremdling, und ihr nahmt mich nicht auf; nackt, und ihr bekleidetet mich nicht; krank und im Gefängnis, und ihr besuchtet mich nicht.

Dann werden auch sie antworten und sagen: Herr, wann sahen wir dich hungrig oder durstig oder als Fremdling oder nackt oder krank oder im Gefängnis und haben dir nicht gedient? Dann wird er ihnen antworten und sagen:

Wahrlich, ich sage euch, was ihr einem dieser Geringsten nicht getan habt, habt ihr auch mir nicht getan. Und diese werden hingehen zur ewigen Strafe, die Gerechten aber in das ewige Leben.

Matthäus 25, 31-36

Das Weltgericht ist schon apokalyptisch und spiegelt eher die spätere Epoche des Glaubens an Jesus Christus wider als der früheren des Auftretens Yeshua ben Yosephs.

In der formale Anlage erscheint ein Dualismus von Lohn und Strafe, der dem Geist des Yeshua fremd ist.

Dagegen ist die Aussage, *was ihr meinen geringsten Brüdern getan habt, hab ihr mir getan* Ausdruck der Botschaft, jeder Mensch sollte in jedem sich selbst als Menschen erkennen und danach handeln.

Ich schließe den Zyklus nicht mit einem Gleichnis, Botschaft des sondern mit der berühmten Erzählung, die das Wesen Yeshuas in vollkommener Weise widergibt, der Erzählung *Von der Ehebrecherin* aus dem Evangelium des Johannes enthält einen der berühmtesten aller Aussprüche Yeshuas:

Wer ohne Sünde ist, werfe den ersten Stein.

Von der Ehebrecherin

> *Die Gesetzeslehrer und Pharisäer führten eine Frau herbei, die beim Ehebruch ertappt worden war. Sie stellten sie in die Mitte und sagten zu Jesus: ‚Lehrer, diese Frau wurde ertappt, als sie gerade Ehebruch beging. Im Gesetz schreibt Mose uns vor, daß eine solche Frau gesteinigt werden muss. Was sagst du dazu?‘*

Mit dieser Frage wollten sie ihm eine Falle stellen, um ihn anklagen zu können. Aber Jesus bückte sich nur und schrieb mit dem Finger auf die Erde. Als sie nicht aufhörten zu fragen, richtete er sich auf und sagte zu ihnen:

‚Wer von euch noch nie eine Sünde begangen hat, soll den ersten Stein auf sie werfen!' Dann bückte er sich wieder und schrieb auf die Erde.

Als sie das hörten, zog sich einer nach dem andern zurück; die Älteren gingen zuerst.

Zuletzt war Jesus allein mit der Frau, die immer noch dort stand. Er richtete sich wieder auf und fragte sie:

‚Frau, wo sind sie geblieben? Ist keiner mehr da, um dich zu verurteilen?'

‚Keiner, Herr', antwortete sie.

Da sagte Jesus: ‚Ich verurteile dich auch nicht. Du kannst gehen; aber tu diese Sünde nicht mehr!

Johannes 8, 2-11

Der andere ist wie du

Die drei Jahre, in denen Yeshua wirkte, waren zu kurz, um die Mehrheit für die Idee zu gewinnen, sie sollten der Stimme ihres Herzens folgen und das Lebensinteresse der Mehrheit gegen den Egoismus der Reichen die Bevormundung der Mächtigen durchsetzen. Aber auch nach seinem Scheitern hätte sich seine Ethik weiter entwickeln lassen, wenn in seiner Nachfolge die Lebenswirklichkeit der Unterdrückten, Ausgebeuteten und Verachteten im Blickfeld gewesen wäre.

So äußerte sich Yeshua ganz in der jüdischen Tradition von Talmud und Mischna als *Mensch unter Menschen* und als *Mensch für den Menschen*.

Das caritative Engagement der christlichen Klöster gründet sich auf dieses Gleichnis wie auf die Erzählung vom *Barmherzigen Samaritaner*. Viele Gläubige in allen Religionen der Welt haben danach gelebt.

Wenn die für die Gesellschaft Verantwortlichen nicht dem Machtanspruch von Adel und Klerus gefolgt wären, sondern den ursprünglichen Zielsetzungen des Yeshua ben Yoseph aus Nazareth, wenn wir uns also nicht christlich, sondern yeshuanisch verstehen würden, dann wäre es selbstverständlich für uns alle, daß wir uns gemeinsam mit Kraft und Hingabe und aus vollem Herzen dafür einsetzen:

- daß jeder sich dienend dem andern gegenüber verhält

- daß jeder gleichberechtigt sein Leben gestalten kann und in seinen Fähigkeiten gefördert wird

- daß sich Versöhnung und freier Austausch zwischen den gesellschaftlichen Gruppen entwickelt

- daß Kooperation an Stelle von Konkurrenz tritt

- daß der Gegensatz zwischen Arm und Reich, zwischen Hunger und Überfluß überwunden wird

- daß mit Abrüstung und Entwaffnung der Frieden zwischen Völkern und Staaten verwirklicht wird

III

PAULUS VON TARSOS

Paulus

Sh'aul, lat. Saulus oder Paulus

* 10 n. Chr. in Tarsos (Kilikien - Türkei)
† 60 n. Chr. in Rom

Missionar und Theologe
Sprache: Koine-Griechisch

Vater: Zeltmacher, Römischer Bürger

Wirkungskreis: Reisen zu verschiedenen Orten des
Mittelmeerraums

**ZIELE: Paulus wollte den Glauben an Jesus Christus, an
seine Auferstehung und das Ewige Leben verbreiten. Er
betreute auf mehreren Reisen einige der neu-
gegründeten jüdisch-christlichen Gemeinden und erhob
als selbsternannter Apostel den Anspruch auf alleinige
Autorität, auch gegenüber Yeshuas Bruder Jakobus und
seinem engstem Mitstreiter Petrus. Er fragte nicht nach
dem Leben und Wirken Yeshuas, seiner Lehre und
seinen Zielen, sondern verfolgte einzig die Idee seiner
Auferstehung. Er verkündete Jesus Christus habe mit
seinem Opfertod die Menschen von ihren Sünden und
vom Tod erlöst.**

Die Briefe des Apostels Paulus an die Gemeinden in Rom
und Korinth und andere wurden zur Grundlage des
christlichen Glaubens.

Quellen: Briefe an die Gemeinden, Apostelgeschichte des Lukas

NACHWIRKUNG: Indem sich die christlichen Gemeinden von ihren jüdischen Traditionen lösten, entwickelte sich eine Hierarchie von Leitungsämtern, die zum Maßstab für die spätere Kirche wurde. Mit ihren männlich dominierten Machstrukturen bildet die Kirche einen scharfen Kontrast zu dem egalitären Leitbild Yeshuas.

Paulus gegen die Anhänger Yeshuas

Paulus ist der römische Name des um 10 v. Chr. in der jüdischen Diaspora Tarsos (Kilikien) geborenen Sha'ul oder Saulus. Nach dem Schock der Kreuzigung hatte sich Yeshuas engerer Kreis wieder zusammengefunden, verbreitete die Nachricht von der Auferstehung und gewann neue Anhänger dazu. Man feierte gemeinsame Gastmähler zur Erinnerung des verehrten Rabbi und kümmerte sich fürsorglich um Bedürftige. Dieser neue yeshuanische Kult erregte großes Aufsehen und löste auch Gegenreaktionen aus. Saulus schloß sich einer Gruppe an, die sich zum Ziel setzte, diese Bewegung aufzuhalten und ihr nötigenfalls mit Gewalt zu begegnen.

Saulus wird dann Zeuge bei der Steinigung des Stephanus, der für den Glauben an den auferstandenen Yeshua predigt, und er *hatte Wohlgefallen bei seinem Tod (Apg VII)*.

Und in der Apostelgeschichte Kapitel IX
schreibt Lukas:

> Saulus aber schnaubte noch mit Drohen und Morden wider die Jünger des Herrn und ging zum Hohenpriester und bat ihn um Briefe nach Damaskus an die Synagoge, auf daß, wenn er etliche von der neuen Lehre fände, Männer und Frauen, er sie gebunden führte nach Jerusalem...".

Auf dem Wege nach Damaskus hatte er ein Offenbarungserlebnis: Ein Licht fiel auf die Erde und er hörte eine Stimme: *Saul, Saul, was verfolgst du mich? Er aber sprach: ,Herr, wer bist du?' Der Herr sprach: ,Ich bin Jesus, den du verfolgst.'* Darauf erblindete Saulus für drei Tage. Dann konnte er wieder sehen, und von an wurde er zu dem eifrigen Bekenner des Auferstandenen, der mit seiner Mission das Christentum entscheidend voranbringt.

Paulus hatte Yeshua ben Yoseph nicht gekannt und hatte zu dessen Lebzeiten auch nicht von ihm gehört. Dessen Reden und Gleichnisse waren ihm möglicherweise nicht bekannt oder nicht wichtig. Die

Evangelien standen ihm damals noch nicht zur Verfügung. Sie wurden viele Jahre nach seinen Briefen verfaßt und hatten sich dementsprechend später verbreitet. So war ihm die Differenz zwischen seinen Auffassungen und denen Yeshuas nicht bewußt. Dennoch wird er durch seine engagierte Missionstätigkeit zum eigentlichen Begründer des Christentums

Vereinnahmung Yeshuas durch Paulus

Schalom Ben Chorin schreibt in seinem Buch *Paulus*:

> Es ist der Paulusforschung aufgefallen, daß Jesus von Nazareth in der Verkündigung des Paulus so gut wie keine Rolle spielt. Ich sage: Jesus von Nazareth - nicht Christus. Der Christus ist ja das A und O der paulinischen Verkündigung, einsetzend mit dem ältesten Auferstehungszeugnis des Christentums (1. Kor. 15.)

> Paulus will bis zur Selbstauslöschung in seiner *Imitatio Christi*, die eine Identifikation mit Christus ist, gehen, aber das Leben Jesu bleibt außerhalb seiner theologischen Konzeption. Das, was wir heute den »historischen Jesus« nennen, wird bei Paulus nicht sichtbar.

> Noch seltsamer ist, daß auch die Worte Jesu im paulinischen Lehrgut fast nicht zitiert werden, während Paulus eine Fülle von

alttestamentlichen Zitaten bringt und sogar, in seiner Areopagrede in Athen, einen griechischen Klassiker anführt. Einen Niederschlag hat diese paulinische Sicht noch im weit späteren Apostolikum, dem Glaubensbekenntnis der Kirche gefunden. Hier wird von Jesus von Nazareth nur bekannt: »... empfangen vom Heiligen Geist, geboren aus der Jungfrau Maria, gelitten unter Pontius Pilatus, gekreuzigt, gestorben und begraben ...« Das ist alles, was vom Leben Jesu ausgesagt wird. Es folgen sofort metaphysische und eschatologische Aussagen, die sich bereits auf den auferweckten und auferstandenen Kyrios beziehen. Zwischen Geburt und Passion klafft ein leerer Raum des Desinteresses am wirklichen Leben Jesu, wie es vor allem die Synoptiker bezeugen.

Yeshua ben Yoseph wird Jesus Christus

Wenn Yeshua von Gott als Vater für alle spricht, auf den sich die Hoffnungen für ein Leben in Frieden und Gerechtigkeit richten, steht für Paulus der Glaube an Jesus als Messias oder Christus als der vom Tod Auferstandene im Mittelpunkt seiner Lehre.

Nach seiner Auffassung wollte Gott, daß sein Sohn durch seinen Opfertod die Menschheit von ihrer Sünde erlöst, die durch Adam in die Welt gekommen ist. Jesus Christus wird so zum *Neuen Adam*.

Paulus behauptete in der Gewißheit seines Glaubens,

- **daß Adam durch die Übertretung des Verbots, Früchte vom *Baum der Erkenntnis* zu essen, den Tod in die Welt gebracht hatte**

- **und daß Christus als Neuer Adam durch sein Opfer den Tod überwand und damit dem Menschen den Weg ins Ewige Leben eröffnete**

Doch der Schöpfungserzählung ist in keiner Weise zu entnehmen, daß es im Garten Eden den Tod nicht gab. Im Gegenteil: Gott droht Adam und Eva, sie würden sterben, wenn sie vom Baum der Erkenntnis äßen. Sie sind also nicht unsterblich. Und Gott versperrte dem Menschen den Zugang zum *Baum des Lebens*, weil er eindeutig nicht wollte, daß der Mensch ewig lebt.

Es ist also eine höchst eigenmächtige Auslegung der Schöpfungserzählung, wenn Paulus behauptet, Gott hätte seinen Sohn geopfert, um den Menschen von der Sünde zu befreien und ihm das Ewige Leben zu schenken.

Diese folgenschwere Fehldeutung des Paulus steht also im Widerspruch zum *Alten Testament*, das doch die Grundlage des Christentums ist und mit dem *Neuen Testament* die *Heilige Schrift* des Christentums bildet.

Sie ist der Kern der Botschaft, die Paulus in mehreren Briefen erläuterte. Er richtete sie an verschiedene Gemeinden an der Mittelmeerküste, die er durch seine Reisen kannte oder mitgegründet hatte, und wurde damit zum eigentlichen Begründer des Christentums und ihr erster Missionar.

Das Interesse des Paulus galt der Entwicklung dieser Gemeinden, dem Verhältnis der Mitglieder untereinander und ihrem Umgang mit dem neuen Glauben. Das Alltagsleben, Familie und Kinder, Berufe und die Situation der Gesellschaft waren für ihn ohne Bedeutung, da er von einem nah bevorstehenden Ende der Welt und der Wiederkunft Christi ausging.

Für Paulus war es Sünde, sich der Ewigkeit der bestehenden Ordnung zu widersetzen, da sie Gottes Wille sei. Dazu gehört die Macht einer Minderheit über die Mehrheit, der Unterscheid von reich und arm, der Vorrang des Mannes gegenüber der Frau, die Vorbehalte gegenüber allem körperlich Sinnlichen, sogar in der Ehe, die Verdammung der Homosexualität.

In seiner Rhetorik, in seinem Stil und in all diesen Punkten vertritt Paulus Auffassungen, die keine Nähe zu denen Yeshuas kennen.

177

Zwischen Paulus und Yeshua besteht also ein nicht überwindbarer Gegensatz:

1. **DIE BOTSCHAFT der Befreiung von ungerechter Macht**

2. **DIE LEHRE der Anpassung an die bestehende Ordnung in der Erwartung auf ein Leben nach dem Tode.**

HYMNE AN DIE LIEBE

Auf der anderen Seite hinterließ uns Paulus einen Hymnus auf die Liebe, der mit dem Hohelied aus dem Alten Testament als einer der schönsten Texte der Bibel gilt:

Wenn ich die Sprachen aller Menschen spreche
und sogar die Sprache der Engel,
aber ich habe keine Liebe –
dann bin ich doch nur ein dröhnender Gong
oder eine lärmende Trommel.

Wenn ich prophetische Eingebungen habe
und alle himmlischen Geheimnisse weiß
und alle Erkenntnis besitze,
wenn ich einen so starken Glauben habe,
daß ich Berge versetzen kann,
aber ich habe keine Liebe – dann bin ich nichts.

178

Und wenn ich all meinen Besitz verteile
und den Tod in den Flammen auf mich nehme,
aber ich habe keine Liebe – dann nützt es mir
nichts.

Die Liebe ist geduldig und gütig.
Die Liebe eifert nicht
für den eigenen Standpunkt,
sie prahlt nicht und spielt sich nicht auf.
Die Liebe nimmt sich keine Freiheiten heraus,
sie sucht nicht den eigenen Vorteil.
Sie läßt sich nicht zum Zorn reizen
und trägt das Böse nicht nach.
Sie ist nicht schadenfroh,
wenn anderen Unrecht geschieht,
sondern freut sich mit,
wenn jemand das Rechte tut.

Die Liebe gibt nie jemand auf,
in jeder Lage vertraut und hofft sie für andere;
alles erträgt sie mit großer Geduld.
Niemals wird die Liebe vergehen.

Prophetische Eingebungen hören einmal auf,
das Reden in Sprachen des Geistes verstummt,
auch die Erkenntnis wird ein Ende nehmen.

Denn unser Erkennen ist Stückwerk,
und unser prophetisches Reden ist Stückwerk.
Wenn sich die ganze Wahrheit enthüllen wird,
ist es mit dem Stückwerk vorbei.

Einst, als ich noch ein Kind war,
da redete ich wie ein Kind,
ich fühlte und dachte wie ein Kind.
Als ich dann aber erwachsen war,
habe ich die kindlichen Vorstellungen abgelegt.

Jetzt sehen wir nur ein unklares Bild
wie in einem trüben Spiegel;
dann aber schauen wir Gott von Angesicht.
Jetzt kennen wir Gott nur unvollkommen;
dann aber werden wir Gott völlig kennen,
so wie er uns jetzt schon kennt.

Auch wenn alles einmal aufhört –
Glaube, Hoffnung und Liebe nicht.
Diese drei werden immer bleiben;
doch die Liebe ist am größten.

Paulus, Erster Brief an die Korinther, 1-13

BRIEFE AN DIE GEMEINDEN IN ROM UND KORINTH

In der Frohen Botschaft macht Gott seine Gerechtigkeit offenbar: seine rettende Treue, die selbst für das aufkommt, was er vom Menschen fordert. Nur auf den vertrauenden Glauben kommt es an, und alle sind zu solchem Glauben aufgerufen. So steht es ja in den Heiligen Schriften: »Wer durch Glauben vor Gott als gerecht gilt, wird leben.«

Gottes Strafgericht

Alle Menschen sind nämlich dem Gericht Gottes verfallen und dieses Gericht beginnt schon offenbar zu werden. Sein heiliger Zorn wird vom Himmel herab alle treffen, die Gott nicht ehren und seinen Willen missachten. Mit ihrem verkehrten Tun verdunkeln sie die offenkundige Wahrheit Gottes.

Denn was Menschen von Gott wissen können, ist ihnen bekannt. Gott selbst hat ihnen dieses Wissen zugänglich gemacht.

Weil Gott die Welt geschaffen hat, können die Menschen sein unsichtbares Wesen, seine ewige Macht und göttliche Majestät mit ihrem Verstand an seinen Schöpfungswerken wahrnehmen.

Sie haben also keine Entschuldigung. Obwohl sie Gott kannten, ehrten sie ihn nicht als Gott und dankten ihm nicht. Ihre Gedanken liefen ins Leere und in ihren unverständigen Herzen wurde es finster.

Sie gaben sich für besonders gescheit aus und wurden dabei zu Narren: An die Stelle des ewigen Gottes in seiner Herrlichkeit setzten sie Bilder von sterblichen Menschen und von Vögeln und vierfüßigen und kriechenden Tieren.

Schändliche Begierden

Darum lieferte Gott sie ihren Begierden aus und gab sie der Ausschweifung preis, sodaß sie ihre eigenen Körper schänden.

Sie tauschten den wahren Gott gegen ein Lügengespinst ein, sie haben die Geschöpfe geehrt und angebetet anstatt den Schöpfer – gepriesen sei er in Ewigkeit, Amen!

Darum lieferte er sie schändlichen Leidenschaften aus. Ihre Frauen vertauschten den natürlichen Geschlechtsverkehr mit dem widernatürlichen. Ebenso gaben die Männer den natürlichen Verkehr mit Frauen auf und entbrannten in Begierde zueinander. Männer treiben es schamlos mit Männern. So empfangen sie am eigenen Leib den gebührenden Lohn für die Verirrung ihres Denkens.

Weil sie es verwarfen, Gott zu erkennen, überließ er sie ihrem untauglichen Verstand, sodaß sie alles Verwerfliche tun. Es findet sich bei ihnen jede Art von Unrecht, Niedertracht, Gier, Gemeinheit. Sie sind voll Neid, sie morden, streiten, betrügen und stellen einander Fallen. Sie reden gehässig über andere und verleumden sie. Sie verachten Gott, sind gewalttätig, überheblich und prahlerisch. Sie sind erfinderisch im Bösen. Sie wollen sich ihren Eltern nicht unterordnen. Unverständig sind sie und unzuverlässig, lieblos und ohne Erbarmen. Dabei kennen sie genau den Willen Gottes und wissen, daß alle, die so etwas tun, vor seinem Gericht den Tod verdient haben. Trotzdem tun sie es und ermuntern mit ihrem Beifall auch noch andere, die so handeln.

Für alle gilt der gleiche Maßstab

Aber auch du, Mensch, der du dieses Treiben missbilligst: du hast keine Entschuldigung. Wenn du solche Leute verurteilst, sprichst du damit dir selbst das Urteil; denn du handelst genauso wie sie.

Wir wissen: Über die Menschen, die all dies Böse tun, wird Gott ein unbestechliches Gericht halten. Wie wollt ihr da der Strafe entgehen, wo ihr doch genau das tut, was ihr an den anderen verurteilt? Missachtet ihr die große Güte, Nachsicht und Geduld, die Gott euch bis jetzt erwiesen hat? Seht ihr nicht, daß er euch durch seine Güte zur Umkehr bewegen will?

Aber ihr kommt nicht zur Einsicht und wollt euch nicht ändern. Damit häuft ihr ständig noch mehr Schuld auf und bereitet euch selbst das Verderben, das am Tag der Abrechnung über euch hereinbricht – an dem Tag, an dem Gott sich als Richter offenbart und gerechtes Gericht hält. Dann wird Gott alle Menschen belohnen oder bestrafen, wie sie es mit ihren Taten verdient haben. Den einen gibt er unvergängliches Leben in Ehre und Herrlichkeit – es sind die, die sich auf das ewige Ziel hin ausrichten und unermüdlich das Gute tun. Die anderen trifft sein vernichtendes Gericht – es sind die, die nur an sich selbst denken, sich den Ordnungen Gottes widersetzen und dem Unrecht folgen. Über alle, die Böses tun, lässt Gott Not und Verzweiflung hereinbrechen. Denen aber, die das Gute tun, wird Gott ewige Herrlichkeit, Ehre und Frieden schenken. Dies beides gilt in erster Linie für die Juden, aber ebenso auch für die Menschen aus den anderen Völkern. Denn Gott ist ein unparteiischer Richter.

Paulus, Brief an die Römer 1, 17-32

Friede mit Gott

Da wir nun gerecht geworden sind durch den Glauben, haben wir Frieden mit Gott durch unsern Herrn Jesus Christus. Durch ihn haben wir auch den Zugang im Glauben zu dieser Gnade, in der wir stehen, und rühmen uns der Hoffnung auf die Herrlichkeit, die Gott geben wird. Nicht allein aber das, sondern wir rühmen uns auch der Bedrängnisse, weil wir wissen, daß Bedrängnis

Geduld bringt, Geduld aber Bewährung, Bewährung aber Hoffnung, Hoffnung aber lässt nicht zuschanden werden; denn die Liebe Gottes ist ausgegossen in unsre Herzen durch den Heiligen Geist, der uns gegeben ist. Denn Christus ist schon zu der Zeit, als wir noch schwach waren, für uns Gottlose gestorben. Nun stirbt kaum jemand um eines Gerechten willen; um des Guten willen wagt er vielleicht sein Leben. Gott aber erweist seine Liebe zu uns darin, daß Christus für uns gestorben ist, als wir noch Sünder waren. Um wie viel mehr werden wir nun durch ihn gerettet werden vor dem Zorn, nachdem wir jetzt durch sein Blut gerecht geworden sind. Denn wenn wir mit Gott versöhnt worden sind durch den Tod seines Sohnes, als wir noch Feinde waren, um wie viel mehr werden wir selig werden durch sein Leben, nachdem wir nun versöhnt sind. Nicht allein aber das, sondern wir rühmen uns auch Gottes durch unsern Herrn Jesus Christus, durch den wir jetzt die Versöhnung empfangen haben.

Adam und Christus

Deshalb, wie durch einen Menschen die Sünde in die Welt gekommen ist und der Tod durch die Sünde, so ist der Tod zu allen Menschen durchgedrungen, weil sie alle gesündigt haben.

Denn die Sünde war wohl in der Welt, ehe das Gesetz kam; aber wo kein Gesetz ist, da wird Sünde nicht angerechnet. Dennoch herrschte der Tod von Adam bis Mose auch über die, die nicht gesündigt hatten durch die gleiche Übertretung wie Adam, welcher ist ein Bild dessen, der kommen sollte.

Aber nicht verhält sich's mit der Gnadengabe wie mit der Sünde. Denn wenn durch die Sünde des Einen die Vielen gestorben sind, um wie viel mehr ist Gottes Gnade und Gabe den Vielen überreich zuteilgeworden in der Gnade des einen Menschen Jesus Christus. Und nicht verhält es sich mit der Gabe wie mit dem, was durch den einen Sünder geschehen ist. Denn das Urteil hat von dem Einen her zur Verdammnis geführt, die Gnade aber hilft aus vielen Sünden zur Gerechtigkeit. Denn wenn wegen der Sünde des Einen der Tod geherrscht hat durch den Einen, um wie viel mehr werden die, welche die Fülle der Gnade und der Gabe der Gerechtigkeit empfangen, herrschen im Leben durch den Einen, Jesus Christus. Wie nun durch die Sünde des Einen die Verdammnis über alle Menschen gekommen ist, so ist auch durch die Gerechtigkeit des Einen für alle Menschen die Rechtfertigung gekommen, die zum Leben führt.

Denn wie durch den Ungehorsam des einen Menschen die Vielen zu Sündern geworden sind, so werden auch durch den Gehorsam des Einen die Vielen zu Gerechten.

Das Gesetz aber ist hinzugekommen, auf daß die Sünde mächtiger würde. Wo aber die Sünde mächtig geworden ist, da ist die Gnade noch viel mächtiger geworden, damit, wie die Sünde geherrscht hat durch den Tod, so auch die Gnade herrsche durch die Gerechtigkeit zum ewigen Leben durch Jesus Christus, unsern Herrn.

Paulus, Brief an die Römer 5, 12-21

Das Zeugnis von der Auferweckung Christi

Ich erinnere euch aber, Brüder und Schwestern, an das Evangelium, das ich euch verkündigt habe, das ihr auch angenommen habt, in dem ihr auch fest steht, durch das ihr auch selig werdet, wenn ihr's so festhaltet, wie ich es euch verkündigt habe; es sei denn, daß ihr's umsonst geglaubt hättet. Denn als Erstes habe ich euch weitergegeben, was ich auch empfangen habe:

Daß Christus gestorben ist für unsre Sünden nach der Schrift; und daß er begraben worden ist; und daß er auferweckt worden ist am dritten Tage nach der Schrift; und daß er gesehen worden ist von Kephas, danach von den Zwölfen.

Danach ist er gesehen worden von mehr als fünfhundert Brüdern auf einmal, von denen die meisten noch heute leben, einige aber sind entschlafen.

Danach ist er gesehen worden von Jakobus, danach von allen Aposteln. Zuletzt von allen ist er auch von mir als einer unzeitigen Geburt gesehen worden. Denn ich bin der geringste unter den Aposteln, der ich nicht wert bin, daß ich ein Apostel heiße, weil ich die Gemeinde Gottes verfolgt habe.

Aber durch Gottes Gnade bin ich, was ich bin. Und seine Gnade an mir ist nicht vergeblich gewesen, sondern ich habe viel mehr gearbeitet als sie alle; nicht aber ich, sondern Gottes Gnade, die mit mir ist. Ob nun ich oder jene: So predigen wir, und so habt ihr geglaubt.

LEUGNUNG DER AUFERSTEHUNG DER TOTEN

Wenn aber Christus gepredigt wird, daß er von den Toten auferweckt ist, wie sagen dann einige unter euch:

Es gibt keine Auferstehung der Toten?

Gibt es keine Auferstehung der Toten, so ist auch Christus nicht auferweckt worden. Ist aber Christus nicht auferweckt worden, so ist unsre Predigt vergeblich, so ist auch euer Glaube vergeblich.

Wir würden dann auch als falsche Zeugen Gottes befunden, weil wir gegen Gott bezeugt hätten, er habe Christus auferweckt, den er nicht auferweckt hätte, wenn doch die Toten nicht auferstehen.

Denn wenn die Toten nicht auferstehen, so ist Christus auch nicht auferstanden. Ist Christus aber nicht auferstanden, so ist euer Glaube nichtig, so seid ihr noch in euren Sünden; dann sind auch die, die in Christus entschlafen sind, verloren.

Hoffen wir allein in diesem Leben auf Christus, so sind wir die elendesten unter allen Menschen.

CHRISTUS IST AUFERWECKT

Nun aber ist Christus auferweckt von den Toten als Erstling unter denen, die entschlafen sind. Denn da durch einen Menschen der Tod gekommen ist, so kommt auch durch einen Menschen die Auferstehung der Toten. Denn wie in Adam alle sterben, so werden in Christus alle lebendig gemacht werden.

Ein jeder aber in der für ihn bestimmten Ordnung: als Erstling Christus; danach die Christus angehören, wenn er kommen wird; danach das Ende, wenn er das Reich Gott, dem Vater, übergeben wird, nachdem er vernichtet hat alle Herrschaft und alle Macht und Gewalt.

Denn er muss herrschen, bis Gott »alle Feinde unter seine Füße gelegt hat« (Psalm 110,1). Der letzte Feind, der vernichtet wird, ist der Tod. Denn »alles hat er unter seine Füße getan« (Psalm 8,7). Wenn es aber heißt, alles sei ihm unterworfen, so ist offenbar, daß der ausgenommen ist, der ihm alles unterworfen hat.

Wenn aber alles ihm untertan sein wird, dann wird auch der Sohn selbst untertan sein dem, der ihm alles unterworfen hat, auf daß Gott sei alles in allem.

LEBEN AUS DER AUFERSTEHUNG

Was machen denn die, die sich für die Toten taufen lassen? Wenn die Toten gar nicht auferstehen, was lassen sie sich dann für sie taufen? Und warum begeben wir uns dann jede Stunde in Gefahr? Täglich sterbe ich, so wahr ihr mein Ruhm seid, den ich habe in Christus Jesus, unserm Herrn. Hätte ich in menschlicher Weise in Ephesus mit wilden Tieren gekämpft, was hätte es mir geholfen? Wenn die Toten nicht auferstehen, dann »lasst uns essen und trinken; denn morgen sind wir tot!« (Jesaja 22,13) Lasst euch nicht verführen! Schlechter Umgang verdirbt gute Sitten. Werdet doch einmal recht nüchtern und sündigt nicht! Denn einige wissen nichts von Gott; das sage ich euch zur Schande.

Es könnte aber jemand fragen: Wie werden die Toten auferstehen und mit was für einem Leib werden sie kommen? Du Narr: Was du säst, wird nicht lebendig, wenn es nicht stirbt. Und was du säst, ist ja nicht der Leib, der werden soll, sondern ein bloßes Korn, sei es von Weizen oder etwas anderem. Gott aber gibt ihm einen Leib, wie er will, einem jeden Samen seinen eigenen Leib. Nicht alles Fleisch ist das gleiche Fleisch, sondern ein anderes Fleisch haben die Menschen, ein anderes das Vieh, ein anderes die Vögel, ein anderes die Fische. Und es gibt himmlische Körper und irdische Körper; aber eine andere Herrlichkeit haben die himmlischen und eine andere die irdischen. Einen andern Glanz hat die Sonne, einen andern Glanz hat der Mond, einen andern Glanz haben die Sterne; denn ein Stern unterscheidet sich vom andern durch seinen Glanz. So auch die Auferstehung der Toten. Es wird gesät verweslich und wird auferstehen unverweslich. Es wird gesät in Niedrigkeit und wird auferstehen in Herrlichkeit. Es wird gesät in Schwachheit und wird auferstehen in Kraft. Es wird gesät ein natürlicher Leib und wird auferstehen ein geistlicher Leib. Gibt es einen natürlichen Leib, so gibt es auch einen geistlichen Leib.

Wie geschrieben steht: Der erste Mensch, Adam, »wurde zu einem lebendigen Wesen« (1. Mose 2,7), und der letzte Adam zum Geist, der lebendig macht. Aber nicht der geistliche Leib ist der erste, sondern der natürliche; danach der geistliche. Der erste Mensch ist von der Erde und irdisch; der zweite Mensch ist vom Himmel. Wie der irdische ist, so sind auch die irdischen; und wie der himmlische ist, so sind auch die himmlischen. Und wie wir getragen haben das Bild des irdischen, so werden wir auch tragen das Bild des himmlischen.

DER SIEG ÜBER DEN TOD

Das sage ich aber, liebe Brüder, daß Fleisch und Blut das Reich Gottes nicht ererben können; auch wird das Verwesliche nicht erben die Unverweslichkeit.

Siehe, ich sage euch ein Geheimnis: Wir werden nicht alle entschlafen, wir werden aber alle verwandelt werden; und das plötzlich, in einem Augenblick, zur Zeit der letzten Posaune. Denn es wird die Posaune erschallen und die Toten werden auferstehen unverweslich, und wir werden verwandelt werden.

Denn dies Verwesliche muss anziehen die Unverweslichkeit, und dies Sterbliche muss anziehen die Unsterblichkeit. Wenn aber dies Verwesliche anziehen wird die Unverweslichkeit und dies Sterbliche anziehen wird die Unsterblichkeit, dann wird erfüllt werden das Wort, das geschrieben steht (Jesaja 25,8; Hosea 13,14):

»Der Tod ist verschlungen in den Sieg.
Tod, wo ist dein Sieg?
Tod, wo ist dein Stachel?«

Der Stachel des Todes aber ist die Sünde, die Kraft aber der Sünde ist das Gesetz. Gott aber sei Dank, der uns den Sieg gibt durch unsern Herrn Jesus Christus!

Darum, meine lieben Brüder und Schwestern, seid fest und unerschütterlich und nehmt immer zu in dem Werk des Herrn, denn ihr wisst, daß eure Arbeit nicht vergeblich ist in dem Herrn.

Paulus, Erster Brief an die Korinther, 15, 1-58

Botschaft und Lehre

Die Lehre des Rabbi Yeshua aus Nazareth und die Botschaft des Apostels Paulus von Tarsos sind wesensverschieden. Sie entstammen verschiedenen Kulturbereichen uns sprechen verschiedene Sprachen. Yeshua war Jude und sprach aramäisch, Paulus hatte jüdische Eltern, lebte als römischer Bürger in der heutigen Türkei und sprach und schrieb griechisch.

Yeshuas Wirken ging aus der jüdischen Tradition hervor, wie sie sich in den Psalmen Davids widerspiegelt, und er war mit den einfachen Leuten, Handwerkern, Fischern, Kaufleuten in Galiläa verbunden. Er suchte ihre Familien auf, wurde in ihre Häuser eingeladen, unterhielt sich gleichermaßen mit Frauen wie Männern und war liebevoll gegenüber Kindern. Er wirkte als Arzt und Heiler und versorgte Kranke und Hilfsbedürftige. Er wandte sich auch denjenigen zu, die von vielen Juden als Verräter angesehen wurden, weil sie als Soldaten, Steuereinnehmer oder Zöllner im Dienst der römischen Besatzung gegen die Rechte der Juden handelten.

Yeshua wurde von seinen Anhängern als zukünftiger König der Juden in der Nachfolge Davids gesehen. Er setzte Mitstreiter ein, die in einem von der römischen Besatzung befreiten Israel die Stämme Israels repräsentieren sollten. Yeshua sah möglicherweise angesichts der römischen Übermacht und der militärischen Stärke der Besatzungstruppen einen gewaltsamen Widerstand als aussichtslos an, hoffte aber mit seiner Überzeugungskraft die unterschiedlichen Auffassungen in der jüdischen Bevölkerung ausgleichen und überwinden zu können, um durch innere Einheit den Widerstand der Bevölkerung zu stärken.

Glaube statt Werkgerechtigkeit

Aus den Briefen des Paulus ergibt sich ein unüberbrückbarer Abstand zu den Positionen Yeshuas - vor allem in Bezug auf soziales Verhalten.

Wie es alle Gleichnisse zeigen, fordert Yeshua seine Zuhörer zum aktiven Handeln auf: Jeder soll seinem Nächsten tatkräftig beistehen und für ihn da sein. Paulus problematisiert genau das und unterstellt demjenigen, der sich so verhält, eine Berechnung auf höheren Lohn, und behauptet, im *Glauben*, den man durch Gottes Gnade erfahre, werde man gerettet, nicht durch *Werke*, in denen man auf jüdische Art Gesetzestreue unter Beweis stellt.

Paulus wendet sich gegen die jüdischen Vorschrift der Beschneidung, da er seine Aufgabe darin sieht, alternativ zu der jüdischen Ausrichtung der Gemeinde in Jerusalem unter Petrus und Jakobus, dem Bruder Yeshuas, die Verkündigung des neuen Glaubens vor allem an Nichtjuden zu richten. Er spricht sich natürlich für jede Art von Hilfeleistungen und Armenfürsorge aus, aber mit seiner Argumentation bringt er genau das, was für Yeshua ben Yoseph Bedingung des Glaubens war, in Mißkredit:

Luther hat später genau diese Widersprüchlichkeit aufgenommen und Paulus' Formulierung zugespitzt, indem er dem *Glauben* bei seiner Übersetzung ein *nur* voranstellt (das berühmte *sola fide: nur durch den Glauben*). Diese theologische Linie weist hier in eine Richtung, der viele einfache Gemüter wegen ihrer Spitzfindigkeit nicht zu folgen vermögen, denn für sie ist die Nachfolge Yeshuas im praktischen sozialen Engagement einfach eine Herzensangelegenheit.

Aus der Abgrenzung des Christentums vom Judentum durch Paulus und seinen Verdammungsurteilen über die angeblich heuchlerische Gesetzestreue der Juden entwickelte sich die Feindschaft der Christen gegenüber den Juden. Die antijüdische Polemik wurde im Lauf der Jahrhunderte zum Wesenselement des Christentums und erfuhr schließlich durch Luther noch eine äußerste Steigerung.

JÜDISCH-CHRISTLICHE GEMEINDEN

Aus den Evangelien ist zu schließen, daß Yeshua ben Yoseph während der drei Jahre seines Auftretens in Galiläa eine zunehmende Zahl von Anhängern um sich versammelte. Dabei handelte es sich um Leute vom Land, darunter Fischer und Handwerker, aber auch wohlhabende Bürger, die ihn in ihren Häusern empfingen. Er wandte sich aber auch Steuereinnehmern und Zöllnern zu, die wegen ihrer Abhängigkeit von der römischen Besatzung von der Bevölkerung abgelehnt wurden.

Mit seinem Weggang nach Jerusalem verloren sich seine Spuren im ländlichen Galiläa. Sein Scheitern und seine Hinrichtung wurden von seinen mit dem Glauben an seine Auferstehung zum Triumph umgedeutet. Es gab dann immer mehr Bürger in Jerusalem, die diesen Glauben übernahmen und im weiteren Verlauf auch jüdische Bürger außerhalb Judäas. Die Erinnerung an ihn wurde zu einem Kult, der sich weiterverbreitete. Großzügige Festessen, *Agape* – *Liebesfest* genannt, zu dem auch Arme und Außenseiter eingeladen wurden, bildeten die Vorform der späteren Eucharistie, bei der der Auferstandene umso mehr verklärt wurde, je weiter entfernt vom Ort der Ereignisse sich der Kult verbreitete. Es waren vor allem Städte wie Damaskus, Antiochia, Alexandria und Ephesus, an denen solche Gemeinschaften sich bildeten, die sich in den Häusern derjenigen trafen, die geräumig genug für größere Versammlungen waren. Berichten zufolge gab es Wohlhabende, die sich dem Dienst an Bedürftigen hingaben und mit ihnen ihr ganzes Vermögen teilten.

In welcher Zahl es solche Gemeinschaften gab und von welcher Dauer sie waren, ist nicht bekannt. Es gibt keine näheren Angaben darüber, worin darüber hinaus dieser sogenannte christliche Urkommunismus bestand.

Bis nach Rom verbreitete sich in wenigen Jahren der neue Glaube. Der römische Staat hatte bis zu seiner zunehmenden Ausweitung zum Imperium seinen ursprünglichen Kult aus seiner Gründungsepoche noch lange bewahrt:

Der *pater familias* zelebrierte den Familiengottesdienst mit Gesang und Orgelbegleitung im Kreise der Hausangestellten, unter denen sowohl Freie wie Sklaven waren. Aber der öffentliche Kult um den höchsten Repräsentanten des Staates veräußerlichte sich in dem Maße, wie die sich das Kaisertum etablierte und die Grundlagen der bürgerlichen Verfassung außer Kraft setzte. Neben den traditionellen Kulthandlungen der Hausgottesdienste um die Götter des Hauses und der Familien (Laren) kamen durch die Ausdehnung des Kolonialreiches und den Austausch mit den anderen Kulturen der Mittelmeerländer Elemente östlicher Mysterienkulte hinzu und bildeten einen Markt, der dem heutigen Markt der Religionen schon ähnelte. In dieser Situation ist nachvollziehbar, daß sich auch neue Kulte bildeten, in denen sich traditionelle Elemente der Herkunftsländer mit denen der Gastländer verbanden, sich neue Tendenzen herausbildeten und verbreiteten. Texte der Schriftrollen vom Toten Meer lassen vermuten, daß Priesterschaft und rituelle Gestaltung der Speisegemeinschaften auf Einflüsse der Essener zurückgehen.

Die traditionellen Werte des sozialen Lebens, der ehelichen Beziehungen und Freundschaften lösten sich in einer Weise auf, wie wir es auch aus den letzten Jahrhunderten in Europa kennen. Die untergehende Moral der alten Zeiten war Thema der Debatten um die Zukunft der Gesellschaft und des Staates ähnlich wie heute. Genau hier hatte der neue Kult um Jesus Christus seinen Ansatzpunkt: Verschwendung, lockere Sitten, sexuelle Freizügigkeit der privilegierten Oberschicht stellte sich ein konservativeres Gesellschaftsbild der weniger Begüterten entgegen: Monogamie, sexuelle Enthaltsamkeit, Askese, Fasten, Bescheidenheit und karitatives Handeln erschien als Heilmittel gegen die Dekadenz der Reichen. Während aber die verschiedenen neuen Kulte um ein entsprechend spendenbereites Publikum konkurrierten, bewiesen die Christusgläubigen eine neue Fähigkeit, Gemeinschaften zu stiften und deren innere Beziehungen zu regeln und Verantwortung für Hilfsbedürftige zu übernehmen.

Jüdische Bürger und ihre Gemeinschaften hatten sich schon seit Jahrhunderten im Mittelmeerraum angesiedelt und hatten eine eigene Kultur im Austausch zuerst mit griechischer und später römischer Kultur entwickelt.

Von größter Bedeutung war die Übersetzung der jüdischen Tora und weiterer Bücher ins Griechische durch eine Gruppe von 70 jüdischen Gelehrten (daher der Name *Septuaginta)* In Alexandria ab 225 v. Chr..

Die brutalen Ereignisse der Jahre 70 und 135 erzwangen die Auswanderung jüdischer Familien aus Jerusalem und Judäa in größerer Zahl als je zuvor. Viele ihrer Gemeinschaften nahmen den Kult um Jesus Christus auf und integrierten ihn in ihre Traditionen.

Mehr als die mystischen Inhalte der meisten neuen Kulte entsprachen bei dem auf dem Judentum gegründeten Kult die Berichte der Tora über Wanderung, Flucht und Vertreibung und kamen der Lebenswirklichkeit derjenigen Mitglieder entgegen, die sich aus

verschiedenen   Orten   des   Mittelmeeres
zusammengefunden hatten.

Synkretischer Kult

Erstaunlich rasch bildeten sich die grundlegenden
Elemente des neuen Kultes heraus und verfestigten sich:
Die Eucharistie, die ja aus dem von Yeshua ben Yoseph
zelebrierten Sedermahl anläßlich des jüdischen Pessach
hervorgegangen war, stand im Mittelpunkt der
Zusammenkünfte. Der Gottesdienst wurde mit Ritualen
und Gesängen des Synagogengottesdienstes ausgestaltet
und im Lauf der Zeit ins Griechische und später
Lateinische übersetzt. Rasch kam es auch zur Etablierung
fester Organisationsformen. Die Gemeinden wurden
anfänglich von einem Ältestenrat geführt. Aus dem
Ausdruck *Presbyter* entstand der Name *Priester*. Dieser
Rat wählte einen Vorsitzenden, den *Episkopos*. Daraus
leitete sich der Name *Bischof* ab. Schon bald kam es zu
Richtungsstreitigkeiten, wie sie schon In der
Apostelgeschichte des Lukas erwähnt werden: In
Jerusalem vertrat der Kreis um Petrus und Jakobus, dem
Bruder Jesu, eine stärkere jüdische Sicht der Dinge,
während der sich als *der eigentliche Apostel* verstehende
Paulus als Vertreter der nichtjüdischen westlichen Welt
auftrat und damit letztlich überwältigenden Erfolg hatte.

Spätestens mit der Etablierung des Christentums als Staatsreligion 393 in Konstantinopel ergab sich in Inhalt und Form eine Angleichung an die orientalischen Mysterienkulte und deren Übernahme in den römischen Kaiserkult.

Erstaunlich früh stand das Konzept fest, das bis heute für das Christentum grundlegend ist. Danach gibt es einen von dem ursprünglich jüdischen Gott ausgehenden Heilsplan für die gesamte Welt, in dem der Sohn und der Heilige Geist in Verbindung mit der Gottesmutter Maria die Menschen als Gläubige oder Sünder zum Jüngsten Gericht erwarten und ihnen einen entsprechenden Platz in der Ewigkeit zuweisen.

Die prunkvollen Ornate von Priestern, Bischöfen, Kardinälen und dem Papst im Rahmen der immer größer und prächtigeren Kirchenbauten repräsentieren den einschüchternden Machtanspruch eines Christentums, das sich in seinem Wesen von den ursprünglichen Hausgemeinschaften im ersten Jahrhundert und noch mehr von den Versammlungen unter freiem Himmel um den Wanderprediger Yeshua ben Yoseph weit entfernt hat.

Frauen in der Gemeinde

Die besondere Rolle, die einige Frauen als Begleiterinnen Yeshuas innehatten, war in der Entstehungsphase des neuen Kultes wesentlich: Es gibt viele Berichte darüber, daß es die Ehefrauen jüdischer und anderer Bürger waren, die in Verbindung mit den sich konstituierenden Gruppen der Christusanhänger kamen und ihre Ehemänner zum Besuch ihrer Zusammentreffen anregten und sie dann dazu brachten, Einladungen in ihre Häuser zuzulassen. Der Einfluß, den später Kaiserin Helena, die Mutter Konstantins des Großen auf ihren Sohn in Hinblick auf die Annahme des Christentums ausübte, mag auch als Beispiel dafür gelten.

Der Kult um Maria als Mutter Jesu ist sicher auch auf das Bedürfnis von Frauen zurückzuführen, der männlichen Dominanz ein Gegengewicht zu geben. Doch die Beteiligung von Frauen am Gottesdienst, in der Übernahme von Aufgaben und Verantwortung oder Ämtern oder gar Leitungsfunktionen war dann in den zwei Jahrtausenden der weiteren Entwicklung des kirchlichen Christentums grundsätzlich ausgeschlossen, wenn man von Funktionen in rein weiblichen Einrichtungen wie Nonnenklöstern absieht. Allerdings hatte dafür Paulus schon die Ausrichtung bestimmt:

Wie es bei allen christlichen Gemeinden üblich ist, sollen die Frauen in euren Versammlungen schweigen. Sie dürfen nicht lehren, sondern sollen sich unterordnen, wie es auch das Gesetz vorschreibt. Wenn

sie etwas wissen wollen, sollen sie zu Hause ihren
Ehemann fragen. Denn es schickt sich nicht für eine
Frau, daß sie in der Gemeindeversammlung spricht.

Paulus, Erster Brief an die Korinther 11, 2-16

Jeder Mann ist unmittelbar Christus unterstellt, die
Frau aber dem Mann; und Christus ist Gott unterstellt.
Ein Mann, der im Gottesdienst öffentlich betet oder
Weisungen Gottes verkündet, entehrt sich selbst, wenn
er dabei seinen Kopf bedeckt. Eine Frau, die im
Gottesdienst öffentlich betet oder Weisungen Gottes
verkündet, entehrt sich selbst, wenn sie dabei ihren
Kopf nicht bedeckt. Es ist genauso, als ob sie kahl
geschoren wäre.

Wenn sie keine Kopfbedeckung trägt, kann sie sich
gleich die Haare abschneiden lassen. Es ist doch eine
Schande für eine Frau, sich die Haare abschneiden oder
den Kopf kahl scheren zu lassen. Dann soll sie auch
ihren Kopf verhüllen.

Der Mann dagegen soll seinen Kopf nicht bedecken;
denn der Mann ist das Abbild Gottes und spiegelt die
Herrlichkeit Gottes wider.

In der Frau spiegelt sich die Herrlichkeit des Mannes.
Der Mann wurde nicht aus der Frau geschaffen,
sondern die Frau aus dem Mann. Der Mann wurde
auch nicht für die Frau geschaffen, wohl aber die Frau
für den Mann.

Deshalb muß die Frau ein Zeichen der Unterordnung und zugleich der Bevollmächtigung auf dem Kopf tragen. Damit genügt sie der Ordnung, über die die Engel wachen. Vor dem Herrn gibt es jedoch die Frau nicht ohne den Mann und den Mann nicht ohne die Frau.

Zwar wurde die Frau aus dem Mann geschaffen; aber der Mann wird von der Frau geboren. Und beide kommen von Gott, der alles geschaffen hat.

Urteilt selbst: Gehört es sich für eine Frau, im Gottesdienst ein Gebet zu sprechen, ohne daß sie eine Kopfbedeckung trägt? Schon die Natur lehrt euch, daß langes Haar für den Mann eine Schande ist, aber eine Ehre für die Frau. Die Frau hat langes Haar erhalten, um sich zu verhüllen. Falls aber jemand mit mir darüber streiten möchte, kann ich nur eines sagen: Weder ich noch die Gemeinden Gottes kennen eine andere Sitte im Gottesdienst.

Paulus, Erster Brief an die Korinther 14, 33-36

Das Verhalten gegenüber staatlichen Organen

Eine nicht zu überschätzende Wirkung ging von Paulus' Auffassung vom Staat als göttliche Ordnung aus:

Alle ohne Ausnahme müssen sich den Trägern der Staatsgewalt unterordnen. Denn es gibt keine staatliche Macht, die nicht von Gott kommt. Die jeweiligen Amtsträger sind von ihm eingesetzt. Wer sich also gegen die staatliche Ordnung auflehnt, widersetzt sich der Anordnung Gottes, und wer das tut, zieht sich damit die Verurteilung im Gericht Gottes zu.

Vor den staatlichen Machthabern müssen sich nicht die fürchten, die Gutes tun, sondern nur die, die Böses tun. Wenn du also ohne Angst vor der Staatsgewalt leben willst, dann tu, was recht ist, und sie wird dich dafür loben.

Denn die staatliche Macht steht im Dienst Gottes, um dich zum Tun des Guten anzuspornen. Wenn du aber Böses tust, musst du dich vor ihr fürchten. Ihre Vertreter tragen nicht umsonst das Schwert. Sie stehen im Dienst Gottes und vollstrecken sein Urteil an denen, die Böses tun. Darum müsst ihr euch der Staatsgewalt unterordnen, nicht nur aus Furcht vor dem Gericht Gottes, sondern auch, weil euer Gewissen euch dazu anhält.

Deshalb zahlt ihr ja auch Steuern. Denn die Staatsbeamten handeln als Beamte Gottes, wenn sie beharrlich darauf bestehen. Gebt also jedem, was ihr ihm schuldig seid! Wem Steuern zustehen, dem zahlt Steuern, wem Zoll zusteht, dem zahlt Zoll. Wem Respekt zusteht, dem erweist Respekt, und wem Ehre zusteht, dem erweist Ehre.

Paulus, Erster Brief an die Korinther, 8, 6

Aus den Evangelien ist zu schließen, daß Yeshua ben Yoseph während der drei Jahre seines Auftretens in Galiläa eine zunehmende Zahl von Anhängern um sich versammelte. Dabei handelte es sich um Leute vom Land, darunter Fischer und Handwerker, aber auch wohlhabende Bürger, die ihn in ihren Häusern empfingen. Er wandte sich aber auch Steuereinnehmern und Zöllnern zu, die wegen ihrer Abhängigkeit von der römischen Besatzung von der Bevölkerung abgelehnt wurden. Mit seinem Weggang nach Jerusalem verloren sich seine Spuren im ländlichen Galiläa. Sein Scheitern und seine Hinrichtung wurden von seinen mit dem Glauben an seine Auferstehung zum Triumph umgedeutet. Es gab dann immer mehr Bürger in Jerusalem, die diesen Glauben übernahmen und im weiteren Verlauf auch jüdische Bürger außerhalb Judäas. Die Erinnerung an ihn wurde zu einem Kult, der sich weiterverbreitete. Großzügige Festessen, zu dem auch Arme und Außenseiter eingeladen wurden, bildeten die Vorform der späteren Eucharistie, bei der der Auferstandene umso mehr verklärt wurde, je weiter entfernt vom Ort der Ereignisse sich der Kult verbreitete. Es waren vor allem Städte wie

Damaskus, Antiochia, Alexandria und Ephesus, an denen solche Gemeinschaften sich bildeten, die sich in den Häusern derjenigen trafen, die geräumig genug für größere Versammlungen waren.

Berichten zufolge gab es Wohlhabende, die sich dem Dienst an Bedürftigen hingaben und mit ihnen ihr ganzes Vermögen teilten. In welcher Zahl es solche Gemeinschaften gab und von welcher Dauer sie waren, ist nicht bekannt. Es gibt keine näheren Angaben darüber, worin darüber hinaus dieser sogenannte christliche Urkommunismus bestand.

Bis nach Rom verbreitete sich in wenigen Jahren der neue Glaube. Der römische Staat hatte bis zu seiner zunehmenden Ausweitung zum Imperium seinen ursprünglichen Kult aus seiner Gründungsepoche noch lange bewahrt: Der *pater familias* zelebrierte den Familiengottesdienst mit Gesang und Orgelbegleitung im Kreise der Hausangestellten, unter denen sowohl Freie wie Sklaven waren. Aber der öffentliche Kult um den höchsten Repräsentanten des Staates veräußerlichte sich in dem Maße, wie die sich das Kaisertum etablierte und die Grundlagen der bürgerlichen Verfassung außer Kraft setzte. Neben den traditionellen Kulthandlungen der Hausgottesdienste um die Götter des Hauses und der Familien (Laren) kamen durch die Ausdehnung des Kolonialreiches und den Austausch mit den anderen Kulturen der Mittelmeerländer Elemente östlicher Mysterienkulte hinzu und bildeten einen Markt, der dem heutigen Markt der Religionen schon ähnelte. In dieser Situation ist nachvollziehbar, daß sich auch neue Kulte bildeten, in denen sich traditionelle Elemente der Herkunftsländer mit denen der Gastländer verbanden, sich neue Tendenzen herausbildeten und verbreiteten. Texte der Schriftrollen vom Toten Meer lassen vermuten, daß Priesterschaft und rituelle Gestaltung der Speisegemeinschaften auf Einflüsse der Essener zurückgehen.

Die traditionellen Werte des sozialen Lebens, der ehelichen Beziehungen und Freundschaften lösten sich in einer Weise auf, wie wir es auch aus den letzten Jahrhunderten in Europa kennen. Die untergehende Moral der alten Zeiten war Thema der Debatten um die Zukunft der Gesellschaft und des Staates ähnlich wie heute. Genau hier hatte der neue Kult um Jesus Christus seinen Ansatzpunkt: Verschwendung, lockere Sitten, sexuelle Freizügigkeit der privilegierten Oberschicht stellte sich ein konservativeres Gesellschaftsbild der weniger Begüterten entgegen: Monogamie, sexuelle Enthaltsamkeit, Askese, Fasten, Bescheidenheit und karitatives Handeln erschien als Heilmittel gegen die Dekadenz der Reichen.

Während aber die verschiedenen neuen Kulte um ein entsprechend spendenbereites Publikum konkurrierten, bewiesen die Christusgläubigen eine neue Fähigkeit, Gemeinschaften zu stiften und deren innere Beziehungen zu regeln und Verantwortung für Hilfsbedürftige zu übernehmen. Jüdische Bürger und ihre Gemeinschaften hatten sich schon seit Jahrhunderten im Mittelmeerraum angesiedelt und hatten eine eigene Kultur im Austausch zuerst mit griechischer und später römischer Kultur entwickelt.

Von größter Bedeutung war die Übersetzung der jüdischen Tora und weiterer Bücher ins Griechische durch eine Gruppe von 70 jüdischen Gelehrten (daher der Name *Septuaginta)* In Alexandria ab 225 v. Chr..

Die brutalen Ereignisse der Jahre 70 und 135 erzwangen die Auswanderung jüdischer Familien aus Jerusalem und Judäa in größerer Zahl als je zuvor. Viele ihrer Gemeinschaften nahmen den Kult um Jesus Christus auf und integrierten ihn in ihre Traditionen.

Mehr als die mystischen Inhalte der meisten neuen Kulte entsprachen bei dem auf dem Judentum gegründeten Kult die Berichte der Tora über Wanderung, Flucht und Vertreibung und kamen der Lebenswirklichkeit derjenigen Mitglieder entgegen, die sich aus verschiedenen Orten des Mittelmeeres zusammengefunden hatten.

Erstaunlich rasch bildeten sich die grundlegenden Elemente des neuen Kultes heraus und verfestigten sich: Die Eucharistie, die ja aus dem von Yeshua ben Yoseph zelebrierten Sedermahl anläßlich des jüdischen Pessach hervorgegangen war, stand im Mittelpunkt der Zusammenkünfte. Der Gottesdienst wurde mit Ritualen und Gesängen des Synagogengottesdienstes ausgestaltet und im Lauf der Zeit ins Griechische und später Lateinische übersetzt. Rasch kam es auch zur Etablierung fester Organisationsformen. Die Gemeinden wurden anfänglich von einem Ältestenrat geführt. Aus dem Ausdruck *Presbyter* entstand der Name *Priester*. Dieser Rat wählte einen Vorsitzenden, den E*piskopos*. Daraus leitete sich der Name *Bischof* ab.

Schon bald kam es zu Richtungsstreitigkeiten, wie sie schon In der *Apostelgeschichte* des Lukas erwähnt werden: In Jerusalem vertrat der Kreis um Petrus und Jakobus, dem Bruder Jesu, eine stärkere jüdische Sicht der Dinge, während der sich als *der eigentliche Apostel* verstehende Paulus als Vertreter der nichtjüdischen westlichen Welt auftrat und damit letztlich überwältigenden Erfolg hatte.

Spätestens mit der Etablierung des Christentums als Staatsreligion unter Theodosius I. 380 in Konstantinopel ergab sich in Inhalt und Form eine Angleichung an die orientalischen Mysterienkulte und deren Übernahme in den römischen Kaiserkult.

Erstaunlich früh stand das Konzept fest, das bis heute für das Christentum grundlegend ist. Danach gibt es einen von dem ursprünglich jüdischen Gott ausgehenden Heilsplan für die gesamte Welt, in dem der Sohn und der Heilige Geist in Verbindung mit der Gottesmutter Maria die Menschen als Gläubige oder Sünder zum Jüngsten Gericht erwarten und ihnen einen entsprechenden Platz in der Ewigkeit zuweisen. Die prunkvollen Ornate von Priestern, Bischöfen, Kardinälen und dem Papst im Rahmen der immer größer und prächtigeren Kirchenbauten repräsentieren den einschüchternden Machtanspruch eines Christentums, das sich in seinem

Wesen von den ursprünglichen Hausgemeinschaften im ersten Jahrhundert und noch mehr von den Versammlungen unter freiem Himmel um den Wanderprediger Yeshua ben Yoseph weit entfernt hat.

Die besondere Rolle, die einige Frauen als Begleiterinnen Yeshuas innehatten, war in der Entstehungsphase des neuen Kultes wesentlich: Es gibt viele Berichte darüber, daß es die Ehefrauen jüdischer und anderer Bürger waren, die in Verbindung mit den sich konstituierenden Gruppen der Christusanhänger kamen und ihre Ehemänner zum Besuch ihrer Zusammentreffen anregten und sie dann dazu brachten, Einladungen in ihre Häuser zuzulassen.

Der Einfluß, den später Kaiserin Helena, die Mutter Konstantins des Großen auf ihren Sohn in Hinblick auf die Annahme des Christentums ausübte, mag auch als Beispiel dafür gelten.

Der Kult um Maria als Mutter Jesu ist sicher auch auf das Bedürfnis von Frauen zurückzuführen, der männlichen Dominanz ein Gegengewicht zu geben. Doch die Beteiligung von Frauen am Gottesdienst, in der Übernahme von Aufgaben und Verantwortung oder Ämtern oder gar Leitungsfunktionen war dann in den zwei Jahrtausenden der weiteren Entwicklung des kirchlichen Christentums grundsätzlich ausgeschlossen, wenn man von Funktionen in rein weiblichen Einrichtungen wie Nonnenklöstern absieht. Allerdings hatte dafür Paulus schon die Ausrichtung bestimmt.

Schlußwort

So offen die Frage bleibt, was Yeshua ben Yoseph und seine zwölf Mitstreiter erreichen wollten, so eindeutig ist, daß die Befreiung von der römischen Besatzung und die Wiederherstellung des Reiches Israel und damit die Schaffung gerechter Verhältnisse im jüdischen Volk nicht die Sache des Paulus gewesen ist.

Paulus hat wesentlich dazu beigetragen, daß die historische Gestalt Yeshua ben Yoseph in den Hintergrund gedrängt wurde, indem er als Jesus Christus zum Sohn Gottes erklärt wurde, der von seinem Vater auf die Erde gesandt wurde, um die Menschen von ihrer Sünde zu erlösen und ihnen mit der Gnade des Glaubens den Weg zur Auferstehung und zum Ewigen Leben zu weisen.

Mit der Auffassung des Paulus, der Mensch müsse die gegebene staatliche Ordnung als Werk Gottes hinnehmen, wie sie ist und damit Unrechtsverhältnisse und die Verteilung von arm und reich ergeben hinnehmen, bleibt nur die unbestimmte Hoffnung, durch den *Glauben an den Vater, den Sohn und den Heiligen Geist* werde sich letztlich alles zum Guten wenden.

Die Erziehung in diesem Glauben beinhaltet die Geringschätzung der eigenen Persönlichkeit wie den grundsätzlichen Verzicht auf Durchsetzung eigener Rechte – im Gegensatz zur *Lehre Yeshuas*!

LITERATUR

Aslan, Reza

> *Zelot - Jesus von Nazaret und seine Zeit*
> © 2013 by Rowohlt Verlag GmbH, Reinbek
> ISBN 978-3-498-00083-7

Ben-Chorin, Schalom:

> *Bruder Jesus - Der Nazarener in jüdischer Sicht*
> ©1967 by Paul List Verlag KG München
> ISBN 978-3-423-01253-6
> *Paulus - Der Völkerapostel in jüdischer Sicht*
> ©1970 by Paul List Verlag KG, München
> ISBN 978-3-471-77135-2
> *Mutter Mirjam - Maria in jüdischer Sicht*
> ©1971 by Paul List Verlag KG München
> ISBN 978-3-471-77137-9

Boff, Leonardo

> Universale Geschwisterlichkeit
> ©2022 by Vier Türme GmbH, Verlag
> Münsterschwarzach
> ISBN 978-3-7365-0426-4

Hennig, Kurt (Hrsg.)

> Jerusalemer Bibellexikon
> ©1986 by G.G. The Jerusalem Publishing House, Ltd.
> ISBN 978-3-775-12367-9

Mendelssohn von, Harald

> *Jesus - Rebell oder Erlöser*
> *Die Geschichte des frühen Christentums*
> ©1981 by Hoffmann und Campe, Hamburg
> ISBN 987-3-455-08824-4

Limbeck, Meinrad

Abschied vom Opfertod
Das Christentum neu denken
© 2012 by Mathias Grünewald Verlag
Verlagsgruppe Patmos, Ostfildern
ISBN 978-3-7867-2945-7

Schottroff, Luise

Die Gleichnisse Jesu (Sozialgeschichte)
©2005 by Gütersloher Verlagshaus
ISBN 978-3-579-05200-7

Tolstoi, Leo

Das Reich Gottes ist in euch
©2023 by Alibri Verlag, Aschaffenburg
ISBN 978-3-86569-161-3

ALTE DRUCKEREI OTTENSEN

Herbert Bruhn
Bahrenfelder Straße 73d
(Hinterhof – Souterrain)
22765 Hamburg

040 39 39 39
herbert@weinklang.de
www.alte-druckerei-ottensen.de

Harald Meyer
Maienweg 274
22335 Hamburg

040-505 705 oder 0151-467 36 485
haraldmey@web.de

An meine Leser

Ich möchte mit dieser Veröffentlichung eine radikal neue Lektüre der überlieferten Texte auslösen.

Ich bitte Sie um Rückmeldungen, Kommentare, Ergänzungen und gegebenenfalls Einwendungen.

Ich würde mich freuen, wenn Sie an den ab Herbst 2023 geplanten Präsentationen und Diskussionen in der Alten Druckerei Ottensen teilnehmen.

Harald Meyer